LA GRAN CONSPIRACIÓN AMERICANA

LAS ELECCIONES

QUE CAMBIARON LA DEMOCRACIA

La gran conspiración americana.

Las elecciones que cambiaron la democracia.

Escrito por César Andrés Muñoz Madrigal en Febrero del 2021.

L'Hospitalet de Llobregat, Barcelona, España.

CONTENIDO

Prólogo

En el año 2021 todavía vivimos en tiempos convulsos debido a la pandemia del Covid-19, no solamente por la emergencia sanitaria que supone sino por las consecuencias económicas que tiene y seguirá teniendo en los próximos años para la mayoría de las naciones del planeta.

Pero ya podemos hablar del año 2020 en pasado, como el año que marcó la pandemia del Covid-19, el año que marcó la crisis económica consecuente vigente en la actualidad, y como el año de las elecciones estadounidenses a la presidencia del gobierno del 3 de Noviembre del 2020, cuyo resultado ha sido la entrada del nuevo inquilino de la Casa Blanca, el nuevo presidente del partido demócrata, Joe Biden.

Obviamente el resultado de las elecciones presidenciales de Estados Unidos, que a Febrero del 2021 sigue siendo ligeramente y cada vez con menos diferencia frente a China, la primera potencia económica, política y militar mundial, no se debe menospreciar, ya que la política y economía de Estados Unidos influye de manera directa en las políticas y economías de la práctica totalidad de naciones del mundo debido a la globalización mundiales, es decir, entendiendo como globalización al fenómeno en el cual se producen relaciones económicas, de negocios, sociales, etc. entre personas y empresarios de diferentes partes del planeta, por ejemplo con la posibilidad de comprar productos por internet que vienen de otro país situado en otro lugar del mundo, o al hecho de poder mantener contacto por videoconferencia a través de aplicaciones móviles con personas de otras partes del mundo, etc. Es decir, la globalización se trata del fenómeno mayormente positivo de interconexión mundial a nivel profesional y personal entre personas de diferentes países, en las que las decisiones de los gobiernos o personas de un país tienen cada vez mayor consecuencia en las economías y políticas de otros países.

Pero además de que lo que pasa en Estados Unidos repercute en el resto del mundo globalizado, también lo que pasa en las elecciones de esta nación es un reflejo de lo estaría pasando en las elecciones de otros países. Así pues el hecho de que en Estados Unidos se pueda producir un supuesto fraude electoral, nos lleva a pensar de hasta qué punto no se está produciendo en otras naciones también, y hasta qué punto pueda haber democracia real en alguna nación del planeta, cuando ni siquiera en Estados Unidos las elecciones parecen haber sido tan justas, limpias y transparentes.

Así los rumores de un supuesto fraude electoral en las elecciones presidenciales de Estados Unidos del 3 de Noviembre del 2020 parecían desacreditadas por una supuesta falta de pruebas que tanto se ha repetido en los medios de comunicación, hasta que un mismo medio de comunicación ha escrito un artículo al respecto de las pasadas elecciones presidenciales, desvelando los secretos de una conspiración en las sombras.

Así pues la revista estadounidense "Time" ha publicado en internet un artículo a fecha 4 de Febrero del 2021, y el 15 de Febrero lo hizo en su propia revista, titulado en inglés "The Secret History of the Shadow Campaign That Saved the 2020 Election" (La historia secreta de la campaña en la sombra que salvó las elecciones de 2020), explicando cuales fueron las operaciones llevadas a cabo tanto por políticos, sindicatos, medios de comunicación, redes sociales, grandes compañías tecnológicas, asociaciones de defensa de derechos de izquierda diversas, etc. para poder asegurarse antes, durante y después de las elecciones presidenciales estadounidenses del 3 de Noviembre del año 2020, la victoria del ahora presidente Joe Biden a toda costa. Por lo tanto ya no se trata de una teoría de la conspiración sino de un hecho documentado por una revista de prestigio internacional, que aunque está obviamente a favor de Biden y de la agenda globalista como se refleja en su artículo, no puede catalogarse en absoluto como de un revista que escriba sobre teorías de la conspiración.

Así como agenda globalista nos referimos a aquella agenda que entidades supranacionales como el Foro Económico Mundial, el Club Bilderberg, la Comisión Trilateral, el Banco Mundial, el Consejo de Relaciones Exteriores, el Grupo de los 30 o G30, etc. promueven con el fin de conseguir un único gobierno mundial impuesto con un sistema socialista-comunista, en el que las naciones soberanas sean simplemente meros protectorados al orden de las entidades globalistas supranacionales, con el objetivo entre otros de reducir la población mundial, ya que consideran que el mundo está superpoblado, debido a que la población crece más rápido que los recursos, según la teoría del clérigo anglicano y erudito británico del siglo XVII y XVIII, Robert Malthus.

En definitiva la continua censura a Donald Trump en las redes sociales, sobre todo los días antes, durante y después de las elecciones presidenciales estadounidenses del 3 de Noviembre del 2020, y "la campaña en la sombra" según palabras de la propia revista "Time" para que Donald Trump no fuera reelegido presidente, se hizo para garantizar la elección de un presidente afín a la agenda globalista, como es Joe Biden (y lo había sido por ejemplo también Barack Obama, Bill Clinton y todos los últimos presidentes demócratas) con la colaboración de políticos, medios de comunicación, redes sociales, personas de la administración estadounidense, grupos de izquierda de defensa de derechos diversos, contando con la injerencia y participación de países extranjeros como China, Irán, Italia, etc. como veremos más adelante.

Incluso a pesar de que por los medios de comunicación se ha afirmado rotundamente que las denuncias presentadas por el equipo de abogados de Donald Trump no tenían pruebas que las respaldaran, la verdad es que se presentaron miles de pruebas y cientos de declaraciones juradas, o como se dice en inglés "affidavits" de testigos que presenciaron fraude electoral de una u otra manera, pero desafortunadamente estas denuncias no fueron admitidas por supuesta falta de pruebas, lo cual no es de extrañar que no se admitieran, ya que la conspiración que narra la revista Time es de dimensiones colosales y afectaría a todos los estratos de la administración, medios de comunicación, directivos del mundo empresariales y todo tipo de asociaciones de izquierdas.

Sin embargo la realidad a día de hoy es diferente, ya que de 22 casos legales relacionados con el fraude electoral presentados por el equipo jurídico de Donald Trump y los republicanos en distintos tribunales, que sí han admitido las pruebas y en los cuales se ha dictado sentencia, han ganado 15 de estos casos y perdido 7 de ellos, lo cual es una victoria en los tribunales en 2 de cada 3 casos. Una victoria que por cierto llega tarde para que Trump pueda aspirar a la reelección como presidente, pero que obviamente es una victoria total para estos conspiradores nacionales en las sombras.

Así pues el título de este libro "La gran conspiración americana. Las elecciones que cambiaron la democracia" surge del hecho de que esta conspiración fue perpetrada por conspiradores internos de Estados Unidos, los cuales también permitieron que naciones externas pudieran interferir en las elecciones, es decir se trata de una conspiración americana contra América.

De manera significativa lo que ha pasado en las elecciones de Estados Unidos es un reflejo de la salud de la democracia en el mundo, y de lo que puede estar pasando con las elecciones en otras naciones. Por esta razón estas elecciones estadounidenses del 3 de Noviembre del 2020 "han cambiado la democracia", o han reflejado el verdadero estado de la democracia que creíamos tan saludable en las naciones occidentales.

1

Introducción

Básicamente podemos encontrar tres tipos de actores que han sido los protagonistas de esta conspiración, fraude y manipulación de los resultados de las elecciones estadounidenses del 3 de Noviembre del 2020:

1. Agentes internos: medios de comunicación, redes sociales, organizaciones sindicales, grupos de izquierda, las Big Tech (grandes compañías tecnológicas como Facebook, Twitter, etc.), parte de la alta administración estadounidense (conocido como Estado Profundo), juzgados, la CIA (Agencia Central de Inteligencia estadounidense), etc., la mayoría de los cuales aparecen en el informe de la revista "Time" publicado en internet el 4 de Febrero del 2021 y que apareció en la misma revista el 15 de Febrero del 2021: "La historia secreta de la campaña en la sombra que salvó las elecciones de 2020".

2.Actores internos-externos: compañías informáticas de conteo de votos como Smartmatic y Dominion, Scytl, etc. que tienen directivos, accionistas y servidores fuera de Estados Unidos, y que además también han trabajado anteriormente en las elecciones de otras naciones como Venezuela. Estas empresas han desarrollado software de conteo de votos muy parecidos entre sí, altamente vulnerables a ciberataques, ya que para poder trabajar las máquinas tabuladoras de conteo de votos necesitan conectarse a internet, lo cual las hace altamente vulnerables a los ciberataques de hackers extranjeros.

3. Actores externos: hackers informáticos de China, de Irán, de Italia, y de otros países antes, durante y después de las elecciones del 3 de Noviembre del 2021 que pasaron votos de Donald Trump a Joe Biden.

Es gracias a la suma de estos tres tipos de actores que el éxito en la conspiración para que Joe Biden ganara las elecciones fue rotundo.

2

Actores internos de la conspiración electoral.

La conspiración interna en las sombras.

Como ya hemos indicado en el prólogo, los actores internos del fraude electoral en las elecciones presidenciales de Estados Unidos del 3 de Noviembre del 2020, se mencionan en el informe de la revista Time publicado online el 4 de Febrero del 2021, con el título "The Secret History of the Shadow Campaign that saved the 2020 election", o traducido al español como "La historia secreta de la campaña en la sombra que salvó las elecciones del 2020". Este artículo se puede encontrar en el siguiente enlace: https://time.com/5936036/secret-2020-election-campaign/ donde se narran los siguientes hechos:

1. La revista "Time" narra en tono triunfalista en este informe como se formó la coalición que se impuso a Donald Trump en las elecciones del 3 de Noviembre del 2020.

2. Este informe ha sido escrito por Leslie Dickstein, Mariah Espada y Simone Shah.

3. La revista Time presenta la formación de esa coalición y su acción como una operación de salvación de la democracia.

4. La revista Time señala que después de las elecciones del 3 de Noviembre no pasó nada. En contra de la idea de que iban a estallar manifestaciones de izquierdas que degenerarían en violencia, éstas no se produjeron.

En segundo lugar el mundo empresarial se volvió contra Donald Trump, que no comprendía lo que estaba sucediendo.

5. La revista Time señala que había una conspiración produciéndose detrás del escenario, la cual detuvo las protestas y coordinó la resistencia de los CEOs (directores ejecutivos por sus siglas en inglés). Ambas sorpresas fueron el resultado de una alianza informal entre activistas de izquierdas y magnates de los negocios.

6. Ese pacto entre la izquierda y las grandes empresas fue formalizado en un pacto a través de una nota conjunta de la Cámara de Comercio de Estados Unidos y la AFL-CIO, que es la mayor agrupación sindical de Estados Unidos, nota que se publicó el mismo día de las elecciones. Semejante pacto es presentado literalmente por la

revista Time como una unión de las fuerzas del trabajo y del capital para mantener la paz y oponerse al asalto de Donald Trump contra la democracia.

7. La revista Time señala que aunque mucha de esta actividad tuvo lugar en la izquierda ideológica, estuvo separada de la campaña de Biden, y cruzó las líneas ideológicas con contribuciones cruciales de actores que no pertenecían a partidos y eran conservadores.

Según Time el objetivo no era detener la victoria de Trump sino evitar una elección tan calamitosa que no se pudiera discernir ningún resultado en absoluto.

8. Según Time esta labor tocó todos los aspectos de las elecciones. Consiguieron que los Estados cambiaran los sistemas de votos y las leyes, y ayudaron a asegurar cientos de millones en fondos públicos y privados, apartaron las demandas de supresión de votantes, reclutaron ejércitos de empleados electorales y consiguieron que millones votaran por correo por primera vez.

Presionaron con éxito a las compañías de medios sociales para adoptar una línea más dura contra lo que llaman "desinformación". Y después del día de las elecciones vigilaron cualquier punto de presión para asegurarse de que Trump no podría dar la vuelta al resultado.

9. La revista Time insiste en que estos hechos deben ser conocidos para que se vea que los conspiradores no estaban amañando las elecciones sino que las estaban "fortaleciendo".

10. La revista Time señala como el arquitecto de la conspiración al sindicalista judío Mike Podhorzer, un personaje desconocido fuera de los Estados Unidos, con escasa repercusión mediática en América, pero que durante casi un cuarto de siglo fue asesor principal de la AFL-CIO, que es la mayor federación sindical de Estados Unidos.

A principios del siglo XXI Podhorzer creó Analyst Institute, que según la revista Time es una firma secreta que aplica métodos científicos a campañas políticas. Podhorzer tuvo también un papel esencial en la fundación de "The Catalist", una compañía de gestión de datos situada en la izquierda ideológica.

11. En Octubre del 2019 Podhorzer pareció darse cuenta de que Donald Trump ganaría la reelección, entre otras razones por el apoyo que recibía de los trabajadores de cuello azul (los trabajadores de la parte más baja de la jerarquía empresarial, tales como los ejecutantes de tareas manuales o los obreros) en otra época controlados por la AFL-CIO, y así lo expresó en una circular enviada ese mismo mes.

12. La inquietud de Podhorzer coincidió con la acción de otras entidades como la de "Democracy Defense Coalition" (Coalición para la defensa de la democracia), grupos raciales y funcionarios, y concluyó con la certeza de que el sistema electoral americano totalmente descentralizado en los estados podía ser utilizado para conseguir sus fines. Así el 3 de Marzo del 2020 Podhorzer redactó un memorándum al respecto titulado "Amenazas para las elecciones del 2020".

13. La llegada del Covid-19 llevó a Podhorzer a reafirmarse en la idea de que Trump podía seguir como presidente, y comenzó a celebrar reuniones con lo que la revista "Time" denomina el "universo progresista". Universo que según la revista Time estaba formado por el movimiento sindical, la izquierda institucional como Planned Parenthood y Greenpeace, grupos de resistencia como "Indivisible" y "Move on", fuentes de datos de estrategias progresistas, representantes de donantes y fundaciones, organizadores populares a escala estatal, activistas de la justicia racial y otros.

Esta coalición según la revista Time se fortaleció con las protestas raciales que se produjeron en verano del 2020.

14. Ante la necesidad de financiación en Marzo del 2020 la coalición apeló al Congreso para que entregara fondos a la administración electoral provenientes de fondos destinados a la lucha contra el Covid-19. Así más de 150 organizaciones solicitaron 2.000 millones de dólares americanos al Congreso de Estados Unidos. Ese mes la Cars Act (Organización encargada de legislar el estatuto o ley para prevenir que niños y animales sufran heridas cuando viajan en coche) entregó 400 millones de dólares a los administradores de las elecciones estatales, pero según la revista Time no era suficiente. Entre otros que donaron estuvo la Chan Zuckerberg Initiative (La Iniciativa Chan Zuckerberg, siendo Mark Zuckerberg el creador de Facebook) que entregó otros 300 millones de dólares.

15. Tan sólo uno de los institutos involucrados consiguió dinero para impulsar en 37 estados distintos, incluyendo el estado de Washington D.C., el voto por correo que se veía absolutamente esencial para la derrota de Trump.

El "Voter Participation Center" (Centro de Participación del Votante) en Agosto y Septiembre del 2020 envió solicitudes de voto por correo a 15 millones de personas que vivían en estados clave.

16. El resultado de las actividades de la coalición fue espectacular porque en las elecciones del 2020 casi la mitad del voto fue por correo, y solamente una cuarta parte de los votantes lo hizo de la manera habitual, en persona y el día de las elecciones.

17. Junto al control del sistema de la votación, la coalición se ocupó de controlar los medios, una acción que también la revista "Time" presenta como una defensa de la democracia. El papel desempeñado por Laura Quinn, una de las fundadoras de "The Catalist" pudo resultar esencial ya que contaba con un proyecto que se ocupaba de rastrear la información en las redes. Dado que la información contraria a la coalición podía generalizarse, la salida que vio Quinn fue presionar a las plataformas para retirar contenidos o relatos que según su opinión contenían desinformación.

Quinn reconoce que esta política de presionar a las redes sociales no había sido aplicada jamás en estas plataformas hasta entonces.

18. Según la revista Time en Noviembre del 2019, Mark Zuckerberg, fundador de Facebook, se reunió en una cena celebrada en su casa con dirigentes de derechos civiles que le insistieron sobre la necesidad de controlar el contenido de las redes.

De manera bien significativa de esta teoría de "lobby" (grupo de presión) ante Facebook y Twitter tuvo un papel relevante Vanita Gupta, presidente y CEO de la "Leadership Conference on Civil and Human Rights" (Conferencia de líderes sobre derechos humanos y civiles). Gupta fue designada por el presidente Obama como fiscal de derechos civiles de Estados Unidos, y ha recibido la nominación de Joe Biden para el nombramiento como fiscal general del Estado asociada.

19. Según la revista Time a esta coalición también se sumaron funcionarios, cargos públicos y jefes militares. También participaron miembros del partido republicano opuestos a Trump.

Una semana antes de las elecciones la Cámara de Comercio de los Estados Unidos se unió a la conspiración, un paso que concluyó con la declaración conjunta el día de las elecciones.

20. La noche de las elecciones, según la revista Time, empezó de forma desesperante para los demócratas. Así pues Donald Trump iba por delante en las elecciones ganando con facilidad en los estados de Florida, Ohio y Texas, y prácticamente pudiendo reclamar el triunfo en Michigan, Wisconsin y Pensilvania.

A las 23 h de la noche en una reunión por Zoom muchos miembros de la coalición se manifestaron aterrados, por lo que Podhorzer los tranquilizó, y justo en esos momentos la cadena Fox sorprendió anunciando que Biden había ganado en el estado de Arizona. Según señala Time la campaña había funcionado.

21. Durante los días siguientes las presiones de la coalición fueron dirigidas especialmente contra los políticos republicanos para que no invalidaran aquellos resultados, lo que estuvo a punto de suceder por ejemplo en Michigan. Fue mediante estas presiones, en las que tuvieron un importante papel los medios de comunicación y redes sociales como Twitter, como se consiguió que se certificaran los resultados de estados como Pensilvania o Wisconsin de manera favorable a Joe Biden.

22. A pesar de todo lo anterior la revista Time señala que la coalición no llegó a triunfar totalmente hasta el día 6 de Enero, cuando tuvo lugar la entrada violenta en el Capitolio, cuya responsabilidad la revista "Time" atribuyó a Donald Trump, y que ya ha sido desmentida en el segundo "impeachment" (juicio político) fallido contra Donald Trump por parte del partido demócrata, de Enero del 2021 y con resultado a favor de Trump por el Senado de Estados Unidos a fecha de 13 de Febrero del 2021 , conforme no instigó la entrada en el Capitolio.

23. La revista Time afirma que a día de hoy los activistas de izquierdas presionan a los demócratas para conseguir políticas de izquierdas, los dirigentes empresariales anuncian que no donarán dinero a los legisladores que se negaron a certificar los resultados favorables a Biden, Podhorzer y sus aliados siguen reuniéndose y Trump se tuvo que enfrentar con su segundo "impeachment" (juicio político).

24. La revista Time concluye el reportaje señalando que la democracia ganó al final y que la voluntad del pueblo prevaleció.

Declaraciones en rueda de prensa del equipo jurídico de Donald Trump y otras declaraciones

Rudy Giuliani, abogado del equipo jurídico de Donald Trump, señaló en rueda de prensa el 20 de Noviembre del 2020 que tenían testigos demócratas sobre el fraude electoral, mil declaraciones juradas bajo pena de cárcel, camiones de madrugada con votos ilegales, papeletas de zombis (de personas fallecidas que habían votado) , fiscales electorales corrompidos, pruebas del software de Dominion Voting Systems manipulado y sufragios de personas que no existen.

Una fiscal demócrata confiesa

En la exposición de los hechos sonó el nombre de Jesse Jacob. Y atención a lo que ha atestiguado esta funcionaria demócrata de Detroit. En su declaración jurada contó que varias autoridades de su ayuntamiento la enseñaron cómo cometer fraude en esta elección de 2020. La mujer desvela que la entrenaron para cambiar los sobres de los votos por correo que llegaban fuera de fecha para que figuraran como entregados antes del 3 de noviembre. Esta artimaña la utilizaron para dar por buenos decenas de miles de votos. Y no solo estaría ella implicada, "tenemos a muchos más funcionarios confesores y gente del entorno", aclaró Giuliani,

Camiones de madrugada en Michigan

Pero en Michigan se cometieron más delitos aún, y muy graves, apuntaba Giuliani. En el hilo de las declaraciones juradas, dos fiscales electorales, que estuvieron en las mesas, describen que vieron un camión que no era del Servicio Postal, con empleados que tampoco iban con el uniforme del trabajo.

Les llamó mucho la atención que apareciera ese vehículo de la nada y a las cuatro y media de la madrugada. ¿Y qué pasó? Pues tal y como los funcionarios comentan, repentinamente salieron del camión miles de papeletas (boletas). Los supuestos trabajadores traían a Detroit unos 100.000 votos por correo. Y casualmente el 100% de todos los sufragios eran para **Biden**. Las pruebas además apuntan a que no sería el único camión que apareció de incógnito con votos inesperados.

Pero es que no solo estos tres fiscales electorales admiten que hubo corrupción, sino que Giuliani confirmaba tener más de 200 declaraciones juradas de este tipo que corroboran estos hechos delictivos y premeditados. Entre ellos, el de otros fiscales de mesa que vieron decenas de miles de votos que eran procesados no solo una vez, sino hasta cinco veces. Es decir, que una misma boleta contaba en las máquinas hasta cinco veces y a la vista de otros funcionarios, como declaró por ejemplo Melissa Carone, una trabajadora informática "freelance" (autónoma), que trabajó en las elecciones presidenciales para el equipo de apoyo informático de la empresa Dominion.

<u>Corrupción en Pensilvania</u>

Esta misma operación se habría dado en Michigan, Wisconsin, Nevada, Georgia y Pensilvania. "El 90% votos que llegaron posteriormente a la fecha de las elecciones a las diferentes ciudades de los estados fueron para Biden. Es absurdo", criticó Giuliani.

Además, la labor descomunal de recopilación de pruebas de esta élite de abogados no paró. En las dos semanas siguientes a las elecciones del 3 de Noviembre firmaron declaraciones juradas de centenares de observadores y fiscales demócratas y republicanos. Así pues el exalcalde Nueva York habla de "un plan sistemático de fraude en las ciudades controladas por demócratas y con antecedentes de corrupción".

<u>Votantes del siglo XIX</u>

Y parece que todo valía, ya que los muertos nunca participaron tanto en unas elecciones como las del 2020. Así pues hubo votantes que habían nacido en 1850, 1900, etc.

También en Pensilvania, la defensa de Trump ha encontrado que 15.000 personas se llevaron una decepción cuando fueron a votar ya que el 3 de noviembre ya habían votado por ellas otros individuos.

Pues en base a los affidavits (declaraciones juradas) presentados, los fiscales de mesa declaran que fueron enseñados y recibieron órdenes de las autoridades demócratas de votar por la gente que no había ido a las mesas. Pero, atención, cuando se encontraron que los que no iban a acudir a votar sí fueron, pues se formó un gran alboroto. Y fue así como el abogado Giulani declaró que tenía todas las pruebas pese a que los medios decían lo contrario.

<u>Wisconsin</u>

En Milwaukee, el jurista describe que sucedió como en otros estados. A los observadores republicanos los mandaron no les permitieron estar en el proceso electoral. Y así encontraron los abogados **de Trump** hasta 100.000 votos de personas que no figuran registradas en ningún sitio. ¿Quiénes son? Parece ser que son nombres inventados.

Esos votos ilegales debían haber sido eliminados, pero por casualidades de la vida (otra vez), iban todos para Biden y se contabilizaron. De no haberse efectuado el registro de estos sufragios ilegales, Trump habría ganado Wisconsin. Recordemos que aquí también se paró el conteo, empezaron los misterios, y Biden aventajó así por las buenas en 30.000 votos a Trump, que empezó ganando en este estado.

Otra de las evidencias en el estado de Wisconsin es que en Milwaukee se produjo un *sobrevoto*. Los investigadores encontraron que había más votos que gente registrada en la ciudad. "Tenemos distritos con el 200% y hasta 300% de *sobrevoto*", defendió Giuliani.

Por último, en Georgia, otro de los estados claves, Giuliani informó de que iban a presentar otra demanda. En este estado según informó Giuliani había habido un recuento pero hecho a su manera, y no hubo una auditoría, por lo que el letrado sabía que no iban a sacar a la luz los votos ilegales. Y aquí también contaban con numerosas declaraciones juradas. En ellas alegaban "haber sido echados de las mesas y no poder ver con claridad las boletas". En Arizona sucedió lo mismo.

<u>Smarmatic y Dominion</u>

El papel del software de Smarmatic, subsidiaria de Dominion Voting System también es fundamental en el fraude y formó parte del mismo, indicó la ex-abogada de Donald Trump y ex fiscal federal, Sidney Powell. El escándalo sería mundial. La abogada de Trump aseguró tener confidentes de la empresa que habían firmado declaraciones juradas, tal y como informó otro los letrados de Trump, Lin Wood.

"Las desviaciones numéricas en los votos son imposibles matemáticamente. Por ejemplo, llegaron 186.000 votos de repente y todos eran para Biden. Ya no hablo de una curva, sino de picos masivos verticales, después justo de que se detuviera el conteo. Ahí interviene Dominion inyectando los votos necesarios en el sistema. Estas máquinas son hackeables y podemos probarlo. Las elecciones fueron fraudulentas en Venezuela y Argentina, con el fin de que sus políticos corruptos se perpetuaran en el poder. Pues no nos van a intimidar, vamos a destapar el mayor caso de corrupción política", concluyó Powell visiblemente emocionada.

Crítica a la conspiración en la sombra

En primer lugar la revista Time narra lo que denomina "conspiración" para impedir que Trump pudiera seguir siendo presidente pero no lo hace de una manera negativa, sino que presenta el proceso como una inmensa labor llevada a cabo en las sombras para salvar la democracia. En otras palabras equipara la salvación de la democracia con el desalojo de Trump de la Casa Blanca, y de esta afirmación que encuentra tan evidente no presenta ni aclaración ni justificación.

Además a pesar de que la revista Time presenta el voto por correo como la óptima solución para las elecciones, no da ninguna razón de por qué este sistema era el más indicado para votar. ¿Debemos tal vez entender que se favoreció el voto por correo para garantizar que el mayor número de personas pudieran votar en una situación dominada por el miedo a los contagios por el coronavirus?. Sin embargo se sabe que el voto por correo es más fácilmente de manipular o cambiar, es decir, ofrece menos garantías que el voto presencial y ha sido motivo de un montón de acusaciones de fraude electoral, y estas acusaciones han sido muy numerosas debido en parte a que prácticamente la mitad de los votantes lo hicieron por este medio.

En segundo lugar partiendo de ese principio como mínimo discutible, la revista Time considera oportuno describir la campaña en las sombras encaminadas a desplazar a Donald Trump del poder. Esta conspiración habría comenzado en mente de Mike Podhorzer, un personaje apenas conocido pero de considerable peso en la acción de la mayor federación sindical de Estados Unidos, así como en el desarrollo de estragegias electorales y después se habría extendido para sumar al gran capital, a ONGs como Planned Parenthood o Greenpeace, a organizaciones raciales, medios de comunicación y a las grandes compañías tecnológicas conocidas como "Big Tech".

El resultado sin duda fue espectacular. Así primero se produjo una serie de acciones para que el voto fuera mayoritariamente por correo, aprovechando que cada estado tiene un sistema de votación e impidiendo los intentos republicanos de que esos sistemas contaran con garantías. Finalmente prácticamente la mitad de los votos en las elecciones acabaron siendo por correo.

Segundo se habría conseguido que fondos supuestamente destinados a la lucha contra el coronavirus se desviaran hacia el establecimiento de ejércitos de empleados relacionados con el proceso electoral.

Tercero se habría conseguido que los medios de comunicación y en especial las redes sociales censuraran cualquier tipo de contenido que fuera en contra de las tesis de la coalición y favorables a Donald Trump. De nuevo como en el caso del voto por correo se trataba de un hecho sin precedentes.

Cuarto, se habría logrado una manifestación y un acuerdo conjunto del gran capital y de la gran confederación sindical en contra de Donald Trump el mismo día de las elecciones.

Quinto, se habría presionado con contundencia a los políticos locales para que certificaran los resultados que beneficiaban a Joe Biden.

Sexto. Se habría rematado todo el proceso del 6 de Enero al presentar a Trump como el responsable directo de la entrada de manifestantes en el Capitolio.

Séptimo, se habría mantenido hasta el día de hoy el peso de los miembros de la coalición que presionan al partido demócrata para que adopte medidas de izquierda, que tienen la intención de mantener la prevalencia del voto por correo y de los sistemas de conteo viciados, y que pretenden que las redes sociales sigan manteniendo su censura de contenidos. En otras palabras que tienen la intención de que nada vuelva a ser igual y de que se mantengan para siempre los mecanismos que les otorgaron el triunfo sobre Donald Trump.

Pretender que esos cambios tan drásticos y tan amenazantes se perpetúen y presentarlos además como un logro y una victoria, e incluso como la salvación de la democracia resulta como mínimo llamativo pero tiene su lógica. Así pues el hecho de que el equipo jurídico de Donald Trump pueda exponer en el Senado pruebas de fraude electoral durante el segundo "impeachment", y el hecho de que determinadas actuaciones se quieran consagrar como la actuación política habitual, pueden encontrarse detrás de que la revista Time publique un reportaje como éste y además lo haga en tono jactancioso como si redactara la acción de ciudadanos impolutos preocupados por la preservación de la democracia en lugar de cómo la coalición de fuerzas dispuestas a imponer sus intereses sobre los ciudadanos independientemente de la voluntad de estos, y recurriendo a acciones tan discutibles como el desvío de fondos del coronavirus, la extensión de sistemas electorales dudosos o la imposición de la censura en las redes sociales.

Lamentablemente en vez de encontrarnos con una confesión de parte o con un relato de salvación de la democracia, lo que se desprende de este reportaje es una gran traición a principios esenciales de cualquier sistema democrático. Se trata de una traición que pasa por la conspiración, por la alianza de los poderosos para imponerse a la voluntad popular, por la manipulación de los medios para sesgar informaciones, por la censura de las redes sociales para que presentaran un discurso único favorable a la conspiración, y por la presión hacia políticos y funcionarios a fin de que certificaran más que dudosos resultados electorales.

Sin embargo a pesar de sus inmensas dimensiones esa gran traición no será reconocida como tal por los que la cometieron, porque cuando la traición triunfa nadie se atreve a denominarla traición.

Finalmente parece que la revista Time ha publicado este reportaje con la intención de adelantarse al equipo jurídico de Donald Trump que se preveía que aprovechara su segundo "impeachment" para presentar pruebas del fraude electoral.

La historia de Dominion y Smartmatic

La empresa Dominion Voting Systems fue creada en el año 2003, siendo la responsable del sistema de registro informático en la mayoría de estados de Estados Unidos, y es una empresa canadiense cuya sede estadounidense está en Denver, Colorado.

Actualmente manejan el sistema de voto electrónico de 28 estados, incluidos los de Michigan, los de Pensilvania y los de Wisconsin donde se produjeron numerosas denuncias de fraude electoral por parte del equipo de Donald Trump.

Rudy Giulani, del equipo jurídico de Donald Trump ya dijo en una rueda de prensa acertadamente en Noviembre del 2020, que el sistema estaba preparado para cometer un fraude, pero no estaba preparado para recibir tantos votos de Donald Trump, y que tal vez por eso se podía demostrar que fraude.

De hecho ya en las elecciones presidenciales del 2016, Dominion, según un estudio de la Agencia de Negocios Wharton, que estudió sus registros de hardware y software, pasaron 71 millones de votos de los estadounidenses.

Por otro lado Smartmatic es una empresa fundada en Delaware, Estados Unidos, por ingenieros venezolanos, y cuyas máquinas para votar y software han servido ya para manipular los resultados de elecciones. Así pues precisamente manipularon los resultados de las elecciones en Venezuela como declaró el 15 de Noviembre del 2020 en Dallas, Texas, en declaración jurada o "affidavit" un ex miembro del gobierno de Hugo Chávez, confirmando que el software Smartmatic se creó y se exportó con el fin de robar elecciones, como ha pasado en Venezuela o en Argentina.

Un resumen de lo que se dice en este affidavit es el siguiente: "La conspiración contra Estados Unidos comenzó hace más de 10 años en Venezuela, y de ahí se extendió a todo el mundo. El objetivo es ganar y mantener el poder de la élite e involucrar a políticos, multinacionales y cualquiera que quiera evitar la libertad. Fui seleccionado como miembro de seguridad del presidente de Venezuela. Fui testigo de la creación de un sofisticado sistema de votación electrónica que permitió a los gobernantes venezolanos manipular el voto. La conspiración de la que soy testigo presencial se refiere al presidente Chávez, al jefe del Consejo Nacional Electoral, Jorge Rodríguez

Gómez, y a los jefes de Smartmatic. El objetivo era crear un software que permitiera cambiar los votos en contra de Chávez por votos a su favor. Chávez se reunió con todos estos sujetos incluido conmigo mismo, para crear el software de manipulación electoral. Chávez ha ofrecido muchos incentivos, incluidas grandes sumas de dinero. El software creado se denominó Sistema de Gestión Electoral y estaba previsto para el uso de máquinas de votación conectadas a la red (internet), y por tanto maniobrables.

Los que votaron fueron reconocidos por huella dactilar y esto fue para dar credibilidad al conjunto. Chávez insistió mucho en que se pudiera manipular el voto sin que lo atraparan, y lo obtuvo de Smartmatic.

Después de que se creó el sistema, lo he visto utilizado en varias elecciones. Por ejemplo en las elecciones del 2006 contra Rosales. Pero en particular, la elección que vi absolutamente alterada con este sistema fue la de 2013, utilizada por Chávez para que Maduro fuera elegido.

Mirando las pantallas en tiempo real pudimos ver cómo funcionaban porque los números de votos cambiaban consistentemente en segundos a favor de Maduro. A las dos de la tarde Radonsky adelantaba a Maduro por dos millones de votos. En este momento Smartmatic, a través de la conexión a la red, por orden de Maduro, se despejaron todos los conteos en todas las zonas del país y se movieron millones de votos a favor de Maduro. Les tomó cerca de dos horas hacer todo, dando la idea de un apagón de internet, mientras manipulaban los datos, mirando directamente a las máquinas de votación donde había más votos para el oponente de Maduro. Cuando declararon que la red y el conteo habían vuelto a funcionar, ya lo habían cambiado todo con una ventaja para Maduro de unos 200.000 votos. Después de que Smartmatic creara este software, Chávez lo exportó a todas partes de América Latina y cuando murió Chávez, Smartmatic fue el único que pudo manipular las elecciones. Smartmatic es el ADN de todos los tipos de votación electrónica, incluido Dominion. Dominion y Smartmatic han hecho negocios juntos en los EE. UU. El software es esencialmente el mismo y funciona de manera idéntica."

 En 2017, durante las nuevas elecciones de Maduro, este señor X manifestó públicamente lo que hizo Smartmatic en las elecciones anteriores, diciendo que todo fue manipulado. Reconoció en todos los aspectos lo que sucedió en las elecciones presidenciales estadounidenses del 2020 con lo que presenció en las elecciones de 2013 en Venezuela".

Posteriormente la fundación Carter iría a evaluar la legalidad del proceso electoral de esas elecciones venezolanas del 2013, pero con todo y con eso la evaluación de la Fundación de este expresidente de los Estados Unidos tampoco era garantía de mucho, ya que entre otros motivos los empleados de esta fundación tampoco son peritos estadísticos o informáticos.

Finalmente indicar que de manera bien significativa muchos empleados de Dominion desde el 3 de Noviembre del 2020 han borrado sus perfiles de la red social profesional LinkedIn. De hecho Dominion es una empresa canadiense, y parece ser sólo una empresa pantalla a la que han querido que miren o echen las culpas, ya que la gran compañía internacional detrás de ella es Smartmatic, aunque también podría ser que hubiera habido miembros del equipo de abogados de Trump que hayan participado en la desinformación. De hecho un grupo de abogados de Trump dejó el equipo jurídico del expresidente, y Giulani indicó que había personas que no soportaban las presiones.

<u>¿Hay relación accionarial entre Dominion y Smartmatic?</u>

En principio parece que no pero el problema es mucho mayor que el hecho de que tengan acciones cruzadas entre ellas. La clave de la relación entre ellas es una empresa norteamericana llamada "Sequoia Voting Systems" que fue comprada por Smartmatic en el año 2005, un año después de haber manipulado el referéndum revocatorio que le permitió a Chávez mantenerse en el poder.

Así pues los tres primeros contratos con el gobierno bolivariano ascendieron a 120 millones de dólares americanos y fue cuando compró Sequoia. ¿Y qué hizo con Sequoia?.Smartmatic mejoró el software y lo usa para procesos electorales en otros países, por ejemplo en Argentina, con denuncia también de fraude electoral.

Es más, en Estados Unidos en el año 2016 se utilizaron máquinas de votación de Sequoia en las elecciones primarias de Marzo en Chicago y el diario "The Washington Post" denunció que había mucho riesgo de que hubiera fraude en esas elecciones, hablando de esta empresa y de la vinculación entre Smartmatic y Hugo Chávez o el sistema ejecutivo chavista, vinculación que ahora niegan los periodistas del Washington Post.

Incluso el propio gobierno de Estados Unidos investigó a la empresa Smartmatic a través del Comité de Invesión Extranjera. Así pues Caroline Maloney, que era representante demócrata por el estado de Nueva York, dijo que el gobierno debería saber quién es el dueño de sus máquinas de votación, y que era un problema de seguridad nacional porque con el software de Sequoia mejorado por Smartmatic podían robarles las elecciones. De esto modo ante las críticas los directivos de Smartmatic venden Sequoia a Dominion Voting Systems, que era una compañía canadiense pequeña y casi recién creada, que es la que ha estado bajo sospecha tras las denuncias de los abogados de Donald Trump por fraude electoral.

Por eso cuando el equipo jurídico de Donald Trump habló de una fuente del gobierno de Hugo Chávez que les advertía a que tuvieran cuidado con Smartmatic, es porque esta persona sabía que Smartmatic es experta en manipular elecciones. Así pues Smartmatic es una empresa mundial con sede en Londres, oficinas en 12 países y trabaja en países como Argentina, Estados Unidos, Bélgica, Singapur, Reino Unido, etc. participando en muchos procesos electorales.

Así pues Smartmatic y Dominion para defenderse de las acusaciones por parte del equipo jurídico de Donald Trump, es decir de Rudy Guliani y de Sidney Powell, dicen que entre ellos no comparten ningún recurso. Pero según las notas de prensa que publicó Dominion el 4 de Junio del año 2010, cuando compró Sequoia de Smartmatic, especifica que compró todo el software y todo el hardware, junto con toda la propiedad intelectual.

Así pues según la posición de muchos países y en muchos casos presentando notorias pruebas se trata de un software y hardware ideales para cometer todo tipo de manipulaciones electorales. De hecho no hay nada que pueda garantizar que a través del hardware y software de Smartmatic y Dominion no puedan cometer fraude electoral, ya que además sus máquinas de conteo de votos funcionan conectadas a internet, lo cual permiten ser fácilmente hackeadas por ciberataques. Y así de hecho los venezolanos saben bien que no se permitió hacer una auditoría real de las máquinas de Smartmatic, que es lo que criticó Donald Trump. De hecho hackear estos sistemas electorales es muy sencillo, e incluso lo podría hacer un niño que sepa un mínimo de programación.

Entonces pues deberíamos preguntarnos quién es el presidente ("chairman" en inglés) de Smartmatic para profundizar más en esta historia de presunto fraude electoral.

Entonces visitando la propia página web de Smartmatic en la sección de "Nosotros" (Nuestro equipo) indica que el presidente de la junta de directores estadounidense es Peter Neffenger, que es un condecorado vicealmirante en reserva de la guardia costera de Estados Unidos que trabajó en el gabinete de Barack Obama como responsable de la Administración de Seguridad del Transporte. De hecho siempre ha trabajado para el departamento de seguridad norteamericana, y además estuvo en el equipo de transición de Joe Biden como voluntario. Así pues su trabajo en este equipo de transición consistió en apoyar a uno de los equipos de revisión de la agencia de la Administración entrante en Diciembre del 2020 y en Enero del 2021, asignado específicamente al Departamento de Seguridad Nacional.

Así pues como pueden ver Peter Neffenger como otras personas clave de Smartmatic son personas que han ocupado cargos públicos relevantes pero desconocidos para la gran mayoría de personas en el mundo, es decir personas que forman parte del Estado Profundo, "Deep State" en inglés, controlando a las sombras lo que pasa en la política y administración de la nación, entendiendo como "estado profundo" a una forma de gobierno clandestino de un Estado, operado mediante redes de grupos de poder encubiertas.

Incluso el periódico New York Times ha dicho que las teorías del fraude electoral son falsas, pero obviamente saben que no lo son, porque estos grandes medios de comunicación son los primeros que saben que estas noticias no son falsas ni son teorías, y ahí está la gravedad del asunto. Por lo que parece bastante claro pensar que los grandes medios de comunicación, medios editorialistas y las redes sociales tienen órdenes desde cargos superiores para que publiquen que no ha habido fraude electoral.

Pero de hecho Associated Press es la agencia de noticias responsable de casi el 80% de la publicación de información internacional en el mundo, que es precisamente la agencia que ha proclamado desde un principio la victoria de Joe Biden.

Así pues en la misma web oficial de Dominion Voting Systems hay muchos enlaces que llevan al departamento de Seguridad Nacional de Estados Unidos, lo cual puede hacer sospechar de que tengan relaciones cercanas exclusivas con la Administración Estadounidense, es decir que Dominion podrían tener relación exclusiva con el Estado profundo estadounidense o directamente ser parte del "estado profundo" estadounidense.

Así pues tanto Smartmatic como Dominion se refieren a las verificaciones realizadas por medios internacionales de su proceso, como los realizados por el New York Times o Associated Press mismos. ¿Y qué legitimidad tienen el diario New York Times o la agencia de noticias Associated Press para saber si han manipulado el voto electrónico o el registro de voto físico en los Estados Unidos?. De hecho para la verificación de los votos es necesario peritos informáticos y estadísticos. Así pues las elecciones de Venezuela se llevan analizando desde hace años, en concreto desde las elecciones de Venezuela del 2004 por peritos estadísticos que se han dado cuenta que siguiendo las leyes de grandes números hay algo que no cuadra, es decir que las elecciones en Venezuela las ha manipulado una máquina.

Por lo parece evidente que los tribunales no han aceptado las denuncias no por falta de pruebas y evidencias sino porque tienen órdenes de no aceptarlas, y decir que no hay razón para estas denuncias. Así pues la Corte Suprema de los Estados Unidos rechazó una demanda presentada por Texas y respaldada por el presidente Donald Trump que pretendía anular los resultados de la votación en cuatro Estados clave. En su escrito, la corte ha señalado que "Texas no ha demostrado un interés judicialmente reconocible sobre la manera en que otros estados llevaron a cabo las elecciones. El resto de mociones son rechazadas como irrelevantes".

Los nueves integrantes del Tribunal Supreno, incluidos tres designados por el presidente republicano, concluyeron que Texas no tenía derecho a interferir en la organización de elecciones en otros estados.

La demanda de Texas contra cuatro estados clave en las elecciones del 3 de noviembre pretendía anular la votación de los territorios en los que Biden resultó ganador por un margen estrecho y fueron instrumentales para garantizar su victoria: Michigan, Georgia, Pensilvania y Wisconsin.

Los magistrados rechazaron el pedido a través de una breve orden, que había sido presentada, como se permite en algunos casos de litigio, entre estados bajo una doctrina legal llamada "jurisdicción original". Pero la orden afirmó que Texas no tiene capacidad legal para presentar el reclamo.

Además resulta que este gigante del voto electrónico llamado Smartmatic pertenece a otra compañía que se llama SGO. Esta empresa fue fundada en el año 2014 por el directivo de Smartmatic, Antonio Múgica, y por Lord Malloch Brown, que es la verdadera clave del asunto y del que nadie habla.

De hecho Lord Mallock, George Soros y la empresa Smartmatic y los que toman las decisiones también tienen vínculos con el partido republicano muy importantes, ya que en la época actual no existe realmente derecha o izquierda políticas. De hecho Donald Trump siempre ha estado sólo por ir en contra del sistema y de instituciones globalistas.

¿Y qué necesidad tuvo Donald Trump de estar reclamando durante los meses posteriores a las elecciones que había habido fraude electoral?. De hecho estuvo luchando hasta el final para intentar que se reconociera el fraude electoral.

Entonces los enemigos de la libertad de unen con independencia de los partidos pero siempre se sientan en la mismas mesas globalistas de la ONU, del Banco Mundial, de la Comisión Europea, de Goldman Sachs, de Black Rock, que es la compañía más grande del mundo en gestión de activos de inversiones, de Vanguard (junto a Blackrock y State Street Corporativos son consideradas las tres grandes compañías mundiales en gestión de fondos de inversión) socavando democracias con personajes como Lord Mallock.

Eso sí las elecciones 100% vía electrónica e informática no son más seguras, ya que además de que las máquinas de conteo de votos deben conectarse a internet para funcionar, lo cual las hace altamente vulnerables a ciberataques, por otro lado también los sistemas de gestión de votos (el software) trabajan con algoritmos, que están diseñados para dar una serie de resultados y además según el equipo de Trump, los propios ingenieros que ha programado el algoritmo no estaban preparados para que hubiera tantos votos a favor de Donald Trump, ya que el software trabaja con una serie de variables y parámetros que deben ser introducidas, y una de estas variables es que debe haber un rango de votos aproximado de 2,7 millones de votos, según dijo Donald Trump.

6

Lord Mark Malloch-Brown

Lord Mark Malloch-Brown es el presidente mundial de Smartmatic. Anteriormente trabajó en la oficina de relaciones exteriores del Reino Unido, ha realizado muchos trabajos para el gobierno del Reino Unido, en concreto para Gordon Brown, ocupando el cargo de ministro de Estado en el ministerio de Asuntos Exteriores de Gordon Brown, como responsable de África, de Asia y de Naciones Unidas, que es cuando se le concede el título de varón (Lord). También trabajó en el Banco Mundial como vicepresidente de Asuntos Exteriores, y ha trabajado en la ONU, primero como administrador del programa de las Naciones Unidas para el Desarrollo, siendo jefe de gabinete también, y después fue nombrado número dos de la ONU, es decir vicepresidente general de la ONU, justo por debajo del secretario general en aquel tiempo que era Kofi Annan.

Además es uno de los personajes destacados del Foro Económico Mundial que patrocinan el Gran Reseteo (Great Reset en inglés), siendo el responsable de la Comisión de Negocios y Energía Sostenible. Por lo que sorprende que a día de hoy la gran mayoría de personas desconozca de quién es este señor, y simplemente conozcan a personajes como George Soros, como defensores y promotores de la agenda globalista. Sin embargo Lord Mallock-Brown desempeña un papel central y es una pieza clave que cuando la colocas en el puzzle, se nota que todas las piezas de alrededor que parecen desconectadas, efectivamente tienen una conexión y una coordinación entre ellas en la agenda globalista, ya que por supuesto Lord Mallock-Brown es íntimo amigo de George Soros, y ha sido vicepresidente del grupo de fondos Quantum, que es el principal fondo de inversión de Soros, y también ha sido vicepresidente de Soros Fund Management, que es una de las compañías de Soros para la gestión de fondos de cobertura, y que junto a la Open Society, también una red de ONGs de George Soros, de la cual Lord Mallock también ha sido número dos y que desde inicios de Diciembre del 2020 es presidente, son utilizadas para difundir la agenda globalista.

Además son tan amigos Mallock y Soros que cuando aquél estuvo viviendo en Nueva York durante su etapa en la ONU, vivía en una de las casas de George Soros.

De hecho al frente de su puesto de responbilidad en la ONU, Lord Mallock-Brown defendió públicamente la necesidad de que Open Society tuviera carta blanca para aprovechar las misiones de la ONU supuestamente humanitarias para hacer el bien, para llevar golpes de estado y revoluciones de todo tipo en su propio beneficio. De hecho también Soros y Mallock-Brown han dado conferencias juntos que se pueden encontrar en internet.

Además Mallock-Brown es copresidente de International Crisis Group (Grupo Internacional contra la Crisis), que es una institución sin ánimo de lucro donde se sentaba Zbigniew Brzezinski, que fue consejero de Seguridad Nacional con el expresidente de Estados Unidos Jimmy Carter, el cual fue un miembro activo de la Comisión Trilateral, que es una organización internacional privada fundada en 1973 por David Rockefeller, que aglutina a personalidades destacadas en las típicas élites de economía y negocios, la cual es también una entidad supranacional globalista como por ejemplo el Club Bilderberg y como cualquier otra de las entidades fundadas por David Rockefeller. Se llama Trilateral porque incluye a miembros de América, Europa y Asia-Pacífico, con la inclusión también de miembros de Japón. Así todo esto pasaba en una época en la que se decía que no era que Jimmy Carter tuviera gente en su gobierno de la Comisión Trilateral, sino que la Comisión Trilateral tenía a Carter.

Curiosamente de joven se graduó en periodismo e hizo prácticas en la revista británica "The Economist", que también defiende ideas de la agenda globalista.

Además este Lord Mark Malloch Brown es el autor de un libro que se titula "La revolución global inacaba. Los límites de las naciones y la búsqueda de una nueva política" (el título original en inglés es "The unfinished global revolution. The limits of nations and the pursuit of a new politics."), que también defiende un sistema globalista, en el que una oligarquía supranacional no elegida democráticamente gobernaría el mundo controlando a las naciones que desaparecerían o que se constituirían en meros protectorados.

De hecho en una entrevista en un canal de televisión filipino, que todavía puede encontrarse en YouTube, antes de que se celebraran las elecciones allá y en la que Malloch Brown estaba como representante de Smartmatic, empresa que iba a instalar su sistema hardware y software de votación electoral para las elecciones filipinas dijo que las licencias de hardware y de software de Smartmatic y Dominion son las mismas, que es lo que niegan tanto Smartmatic como Dominion después de las elecciones presidenciales estadounidenses del 3 de Noviembre del 2020.

Además según ha dicho públicamente y ha escrito en la revista alemana Der Spiegel ha impulsado la idea de legalizar el tráfico de opio en Afganistán. Posteriormente lo hizo en el gobierno de Reino Unido junto a Gordon Brown, y quería crear una especie de política agrícola común, pack del opio, para que las industrias farmacéuticas pudieran tener morfina casi gratis. De hecho el mismo George Soros es uno de los grandes impulsores de la difusión del consumo de drogas. Así pues el escritor y filósofo británico Aldous Huxley, que era muy inteligente y tenía muy buenos contactos para saber lo que decía, ya hablaba de cómo iban a ser las dictaduras del futuro, diciendo que no necesitarían ser violentas, y que entre otras cosas se iban a basar en el atontamiento de buena parte de la población mediante el consumo de drogas. Así pues no cabe duda de que estamos avanzando poco a poco a una dictadura que se parece mucho al "mundo feliz" de Huxley y que posiblemente va a ser tan miserablemente económico como en el caso del escenario que se plantea en el libro titulado "1984" de George Orwell.

De hecho ya no se trata solamente de drogas ilegales sino también de drogas legales, ya que en los países occidentales especialmente hay mucha gente enganchada a tranquilizantes, antidepresivos como el Prozac, etc. El problema como planteó el mismo Huxley era cuando se dejaba de tomar esa droga, no por el síndrome de abstinencia sino porque la gente se daba cuenta de la realidad, y el sufrimiento era insoportable.

En este sentido George Soros aprovechó la crisis de Afganistán, y según el escritor y ex agente de la inteligencia rusa Daniel Estulin, tanto Mallock-Brown como Soros estuvieron implicados en la "revolución" de las rosas de Georgia, la cual no fue una revolución surgida del pueblo sino impuesta por una oligarquía globalista. Esta revolución comenzó con protestas masivas por las controvertidas elecciones parlamentarias del país y terminó con la renuncia del presidente de aquel entonces, Eduard Shevardnadze, que marcó el final del liderazgo soviético en el país

Así pues Soros ha tumbado gobiernos de Europa del Este y para resumir lo que sucedía es que cuando la Organización de Naciones Unidas con Mallow-Brown como representante daba el consentimiento, luego llegaba Soros y tomaba los gobiernos de Europa del Este, y también llegaba una consultora que se llamaba Soller Miller que determinaba cómo se privatizaba el patrimonio y recursos de esas naciones para poderlos saquear. ¿Y quién era el principal socio internacional de esta consultora?. Efectivamente, el principal socio internacional era Lord Mallock-Brown. Es decir, siempre ponían a los mismos agentes en el frente para el saqueo de las naciones.

Así pues vemos una vez más que mientras que a George Soros lo conoce mucha gente, a Lord Mallock-Brown a pesar de ser un personaje clave en la geopolítica estratégica internacional prácticamente no lo conoce nadie, y básicamente la explicación está en que los medios de comunicación informan de otras noticias y de otros personajes de la política internacional, pero no precisamente de aquello de lo que deberían informar sino de lo que interesa a determinados focos de poder, que básicamente son los que les pagan o les conceden subvenciones y ayudas públicas.

Además en la web oficial de Smartmatic hay un artículo de Mallock-Brown en el que habla de la necesidad de modernizar el sistema electoral del Reino Unido, porque en teoría le está fallando a nuestra democracia, que es una frase muy de moda en muchos medios de comunicación de masas y en internet "extremadamente peligroso para nuestra democracia", ya que muchos periodistas de manera significativa hablan utilizando esta frase o alguna otra de significado parecido. Así pues Lord Mallock-Brown dice que el sistema electoral actual no sirve, y que no hay democracia real. Además añade que cuando hay transacciones bancarias en línea o incluso reservan sus vuelos a través de una App, entonces hay que considerar que las elecciones también se hagan sin ser presenciales y usando papeletas físicas para emitir los votos.

Sin embargo las elecciones presenciales con votos emitidos con papeletas físicas es lo único que muchas veces puede prevenir el fraude electoral, aunque parezca contra intuitivo. No siempre podrá evitar el fraude electoral pero da ciertas garantías de que no lo haya.

7

Actores externos de la conspiración electoral

<u>La empresa barcelonesa Scyt</u>

Scytl, empresa proveedora de sistemas de votación electrónica y tecnología electoral, gestionó el recuento en las elecciones del 3 de noviembre, subcontratada junto a otras compañías por entidades del Gobierno Federal de los Estados Unidos. Su gestión abarcó desde el registro de votantes hasta el recuento de votos, efectuado en su sede de Barcelona y en su subsede de Fráncfort.

A pesar de ser ampliamente desconocida, Scytl ha gestionado recuentos en las elecciones generales españolas, costarricenses o las europeas de 2019, además de los últimos comicios estadounidenses. También ha sido proveedora de servicio de entrega de papeletas electrónicas para el Gobierno Federal y, a nivel estatal, para Alaska, Arkansas, Kentucky, Mississippi, Virginia Occidental y Nueva York.

Su presencia en Estados Unidos se remonta a 2008 a través de múltiples proyectos de "modernización de las elecciones", que no evitaron que Scytl presentase un concurso de acreedores el 11 de mayo del 2020 en los juzgados de Barcelona, después de ser incapaz de lograr un acuerdo con la banca, las instituciones públicas y sus proveedores para hacer frente a deudas de al menos 75 millones de euros. Tampoco los acuerdos llevados a cabo en Francia, Australia, Reino Unido o Suiza le han evitado presentar el concurso de acreedores. Ni siquiera, las importantes subvenciones, otorgadas a lo largo de los años por instituciones como la Unión Europea o el Ministerio de Industria, Energía y Turismo. Curiosamente, su insolvencia no fue obstáculo para ser subcontratada como gestora parcial de las elecciones más importantes del planeta.

Scytl lo niega, pero su web dice lo contrario

Ante la avalancha de información de los últimos días, y la que está por llegar, desde Scytl se han apresurado en negar tanto ser proveedores de máquinas de recuento para los comicios norteamericanos como tener una sede en Fráncfort (y afiliación política). Sin embargo, Sctyl presumía de su oficina de Fráncfort en un documento sobre su gestión de las elecciones al Parlamento Europeo del pasado año, aún

disponible en su propia página web en el siguiente enlace:
https://www.scytl.com/en/resource/european-parliament-elections-2019-success-case/

<u>Barcelona y Fráncfort, epicentros de la sospecha</u>

El 10 de Noviembre del 2020 en Estados Unidos, en una de las ruedas de prensa más importantes de la historia política de los Estados Unidos, el equipo legal dedicado a demostrar el fraude generalizado en las elecciones, encabezado por Rudy Giuliani y Sidney Powell, ha vuelto a insistir en **la injerencia extranjera en los comicios, cuya confirmación supondría durísimas penas para sus autores.** En concreto, el ex alcalde de Nueva York se ha referido una vez más a la sede barcelonesa de Scytl, indignado porque el recuento se realizase fuera de las fronteras del país al que afecta la votación, con capacidad más que evidente para gestionarlo.

No es la primera vez que los abogados que investigan las irregularidades electorales señalan a Barcelona como epicentro del sospechoso recuento y sede innegable de la empresa. Más controvertido y seguramente todavía más clave, es todo lo que tiene que ver con la oficina de la que la compañía reniega que está en Fráncfort. Según Louie Gohmert, miembro de la Cámara de Representantes, pocos días después de las elecciones, fuerzas especiales del ejército de los Estados Unidos entraron en la sede de Scytl en la ciudad alemana, en la que se incautaron de sus servidores con información capaz de cambiar no solamente los resultados de las elecciones sino también de generar un impacto mucho mayor.

¿Estas investigaciones afectan a España?

Si bien son varias las empresas acusadas de interferir en las elecciones del 3 de noviembre, más allá de Dominion y Smartmatic, el papel de Scytl se antoja determinante en los Estados Unidos y borroso en España. En nuestro país, además de recibir subvenciones ministeriales, la empresa ha gestionado el reporte de datos del recuento electoral que corresponde al Ministerio del Interior.

Por otra parte, si Giuliani marcó Barcelona como lugar clave de la injerencia extranjera en el proceso electoral norteamericano de manera recurrente, Powell ya afirmó abiertamente que estos sistemas han servido para cambiar elecciones en otros países y ya nombra específicamente a Argentina. También señaló a quienes financian estas compañías, con referencias explícitas a la fundación de los Clinton y a George Soros, que fue el primer invitado del presidente español, Pedro Sánchez, al Palacio de la Moncloa pocos días después de la moción de censura de 2018.

<u>Scylt, software suizo vinculado a las máquinas de votación Dominion</u>

Scylt, que como hemos dicho es un proveedor español de sistemas de votación electrónica y tecnología electoral fundada en el año 2001 en Barcelona, España, que según denunció Neal Sutz, es un software comprado por el servicio postal nacional suizo, que se implementó directamente en las máquinas de conteo de votos de Dominion en el centro del escándalo electoral estadounidense, y cuyo escándalo está vinculado directamente al magnate George Soros. Según Sutz, Suiza nunca informó a la Administración Trump de las graves fallas en el software Scylt, bien conocido por el Gobierno suizo, y agregó que tenía pruebas del complot que iban a adquirir los abogados del presidente Trump.

Según el peridista Ricardo Corsetto director del diario italiano "´L'Unico": "El gobierno italiano y el primer ministro Guiseppe Conte están directamente involucrados en el fraude electoral que afectó a las elecciones estadounidenses que llevaron a la victoria ilegal pendiente de Joe Biden ". Según fuentes de investigación estadounidenses, confirmadas por declaración jurada, affidavit, de Arturo D'Elia, ex director de informática de la empresa Leonardo S.p.A., cuya copia adjunto y traduzco a continuación, confesando a fecha 6 de Enero del 2021 que manipuló datos e implantó virus en los principales ordenadores de la empresa italiana bajo las órdenes de personal de la embajada de Estados Unidos en Roma para pasar votos de Donald Trump a Biden, desde esta Embajada de Estados Unidos en Roma trabajaron desde el 1 de noviembre de 2020 para coordinar esta manipulación y traspaso de datos de los votos emitidos para el presidente Trump hacia Joe Biden, con la complicidad técnica de Leonardo SpA, que es una empresa 31% propiedad del Gobierno italiano y que genera más de la mitad de sus mil millones de dólares de ingresos anuales de su subsidiaria con sede en EE. UU. Leonardo DRS, cuyo director ejecutivo, William Lynn III, fue anteriormente subsecretario de defensa durante la administración Clinton. Leonardo DRS está persiguiendo activamente una cotización pública en la NYSE (Bolsa de Nueva York) en 2021.

Leonardo SpA, antes conocida como Finmeccanica, sufrió un cambio de nombre en Enero de 2017. Según las personas que llevaron a cabo el cambio de datos, cuya operación se llevó a cabo bajo la dirección de funcionarios de inteligencia estadounidenses en la Embajada americana, utilizaron una de las especificaciones militares avanzadas de Leonardo (cyber guerra) satélites para transmitir votos manipulados a los servidores de Frankfurt y a Estados Unidos, según informa el periodista Cesare Sacchetti. Leonardo S.p.A. es la empresa industrial más grande de Italia y está activo en los campos de defensa, aeroespacial y ciberseguridad. El más grande accionista es el Ministerio de Economía y Finanzas italiano, que posee aproximadamente un 31% de las acciones.

Leonardo-Finmeccanica fusionó las actividades de empresas previamente controladas como AgustaWestland, Alenia Aermacchi, Selex ES, OTO Melara y Wass. Leonardo es la décima empresa de defensa más grande del mundo y la tercera más grande de Europa con ingresos del sector de defensa que representan el 68% de sus ingresos anuales. La empresa cotiza en el índice FTSE MIB del mercado de valores de Milán. La empresa está estructurada en cinco divisiones operativas: Helicópteros, Aeronaves, aeroestructuras, electrónica y cibersistemas para seguridad e información. En el año fiscal 2020, el gobierno de los EE. UU otorgó casi $ 1 mil millones en contratos de ciberseguridad, inteligencia y defensa a Leonardo SpA.

El ex presidente de Leonardo es Gianni De Gennora, quien dejó Leonardo en mayo de 2020.

El director ejecutivo de Leonardo SpA, Alessandro Profuma, un exbanquero que en octubre de 2020 fue condenado por el escándalo de Banca di Monte Paschi di Siena. Alessandro Profumo fue nombrado por el gobierno de Gentiioni y reconfirmado por el primer ministro Giuseppe Conte. El mismo Profuma fue condenado recientemente a seis años por irregularidades bancarias por tribunales italianos.

Uno de los miembros del consejo de administración de Leondardo SpA (2017) fue el profesor Guido Alpa, ex socio jurídico de Giuseppe Conte en Roma.

El primer ministro Giuseppe Conte en los últimos días había sido objeto de artículos de prensa sobre planes para establecer agencias de inteligencia privadas.

Se cree que el gobierno de Conte jugó un papel clave en el golpe internacional que habría comprometido la reelección del presidente Donald Trump. Mientras que Suiza ha sido recientemente acusada de complicidad en el supuesto golpe cibernético, como afirma Neal Sutz, un bloguero suizo-estadounidense, que denunció el papel activo de Suiza en el fraude presidencial de Estados Unidos.

Según fuentes locales con conocimiento directo de estos eventos que informan a Nations in Action (Naciones en Acción), la organización sin fines de lucro de EE. UU para la integridad electoral y la transparencia de la gobernanza pública, los datos manipulados se transmitieron desde Frankfurt a Roma a través de la Embajada de Estados Unidos en Via Veneto, acordando a Roma el papel central en el supuesto complot de elecciones internacionales para revocar los votos emitidos por ciudadanos estadounidenses para el próximo presidente de los Estados Unidos, creando así una crisis constitucional. En la noche del 3 de noviembre (en los Estados Unidos), aproximadamente a las 8 de la mañana, hora italiana, el recuento de votos se suspendió simultáneamente en varios estados clave en el campo de batalla, como lo muestran algunos videos oficiales tomados desde el circuito cerrado del colegio electoral de Atlanta y que se ha documentado ampliamente en el diario L'Unico.

En ese momento, mientras que el fraude ya se había iniciado ampliamente, los piratas informáticos de Leonardo SpA IT se dieron cuenta de que "Trump estaba por encima de Biden en una cantidad muy grande e inesperada de votos", tanto que la manipulación fue en vano y no fue suficiente para hacerlo perder.

Se cree que el siciliano Igzanio Moncada, director ejecutivo de FATA SpA, una subsidiaria de propiedad total de Leonardo SpA, es un puente entre algunos servicios secretos y la Asociación Empresarial Italiana de Beijing, la Asociación Empresarial Italiana de Irán y la Asociación Empresarial Italiana de Qatar. Se ha dicho que Moncada puede ser una figura clave en la planificación durante ocho meses de la piratería electoral en Italia. Al parecer, personal de alto rango de la Embajada de Estados Unidos en Italia dio la orden de actuar, coordinando la piratería y desarrollando "nuevos algoritmos", afirma un testigo clave del fraude, para asegurar una victoria para el candidato demócrata Joe Biden.

<u>El papel de la Embajada de Estados Unidos en Roma</u>

El embajador de Estados Unidos en Italia, es Lewis Eisenberg, que precisamente es un ex miembro del conglomerado aeroespacial y de defensa de ciberguerra más grande del mundo con sede en Italia. Así pues Lewis Eisenberg, fue muy crítico con la retirada militar del presidente Trump en el mundo y muy cercano a los salones neo-sionistas conectados al circuito Goldmann (el circuito Golmann lleva el nombre de Nahum Goldmann, un fundador sionista israelí nacido en Polonia y presidente durante mucho tiempo del Congreso Judío Mundial. También fue presidente de la Organización Sionista Mundial).

Así pues tres altos funcionarios de la comunidad de inteligencia de EE. UU. aterrizaron en el aeropuerto Leonardo da Vinci de Fiumicino varios días antes de las elecciones del 3 de noviembre de 2020 en EE. UU. Según un ex agente de la CIA, los tres agentes de inteligencia fueron alojados en la Embajada de los Estados Unidos en Via Veneto para coordinar las operaciones de piratería durante la suspensión del conteo electoral del 3 al 4 de noviembre del 2020.

Region of Lazio
Country of Italy

I, Prof Alfio D'Urso, Advocate/Lawyer, of Via Vittorio Emanuele, Catania, 95131 Italy, do hereby provide the following affidavit of facts as conveyed in several meetings with a high level army security services official:

Arturo D'Elia, former head of the IT Department of Leonardo SpA, has been charged by the public prosecutor of Naples for technology/data manipulation and implantation of viruses in the main computers of Leonardo SpA in December 2020. D'Elia has been deposed by the presiding judge in Naples and in sworn testimony states on 4 November 2020, under instruction and direction of US persons working from the US Embassy in Rome, undertook the operation to switch data from the US elections of 3 November 2020 from significant margin of victory for Donald Trump to Joe Biden in a number of states where Joe Biden was losing the vote totals. Defendant stated he was working in the Pescara facility of Leonardo SpA and utilized military grade cyber warfare encryption capabilities to transmit switched votes via military satellite of Fucino Tower to Frankfurt Germany. The defendant swears that the data in some cases may have been switched to represent more than total voters registered. The defendant has stated he is willing to testify to all individuals and entities involved in the switching of votes from Donald Trump to Joe Biden when he shall be in total protection for himself and his family. Defendant states he has secured in an undisclosed location the backup of the original data and data switched upon instruction to provide evidence at court in this matter.

I hereby declare and swear the above stated facts have been stated in my presence.

DATED this 6th day of January 2021 at Rome, Italy.

General Affidavit

<u>Traducción de la declaración jurada en inglés, affidavit, de Arturo D'Elia, ex director informático de Leonardo S.p.A., confesando que participó en la manipulación de datos y traspaso de votos de Donald Trump a Joe Biden, firmada a fecha de 6 de Enero del 2021.</u>

Región del Conde de Lazio, de Italia

Yo, Profesor Alfio D'Urso, Abogado en la Via Vittorio Emanuele, Catania, 95131 Italia, por la presente proporciono la siguiente declaración jurada de los hechos transmitida en varias reuniones con un funcionario de alto nivel de los servicios de seguridad del ejército:

Arturo D'Elia, ex jefe del Departamento de Informática de Leonardo SpA. ha sido acusado por el fiscal de Nápoles por usar la tecnología para la manipulación de datos e implantación de virus en los principales ordenadores de l.eonardo S.p.A. en diciembre de 2020. D'Elia fue depuesto por el juez que preside en Nápoles y declara bajo juramento el 4 de noviembre de 2020, que bajo la instrucción y dirección de personas estadounidenses que trabajan desde la Embajada de los Estados Unidos en Roma, emprendió la operación para cambiar los datos de las elecciones estadounidenses del 3 de noviembre de 2020 con un margen significativo de victoria en votos de Donald Trump a Joe Biden en varios estados donde Joe Biden estaba perdiendo los totales de votos. El acusado declaró que estaba trabajando en las instalaciones de Pescara de Leonardo SpA y utilizó capacidades de cifrado de guerra cibernética de grado militar para transmitir votos intercambiados a través del satélite militar de la Torre Fucino a Frankfurt, Alemania. El acusado jura que los datos en algunos casos pueden haber sido cambiados para representar más que el total de votantes registrados. El acusado ha declarado que está dispuesto a testificar ante todas las personas y entidades involucradas en el intercambio de votos de Donald Trump a Joe Biden, cuando esté bajo total protección para él y su familia. El acusado afirma que guardó de forma segura en un lugar no revelado, la copia de seguridad de los datos originales y la de los datos intercambiados bajo instrucción de proporcionar evidencia en la corte en este asunto.

Por la presente declaro y juro que los hechos antes mencionados se han declarado en mi presencia.

CON FECHA de hoy 6 de enero de 2021 en Roma, Italia. Declaración jurada general

8

Actores externos en la conspiración electoral según expertos en ciberseguridad, informáticos y abogados

Así pues Mike Lindell, que es el director ejecutivo de la empresa norteamericana "My Pillow" (Mi almohada), lanzó el 5 de Febrero del 2021 en el canal privado independiente OANN, el documental sobre el posible fraude electoral en las elecciones presidenciales del 3 de Noviembre del 2020, presentando testimonios de varios expertos en seguridad cibernéticas, junto con pruebas forenses de fraude electoral y de ciberataques perpetrados por naciones extranjeras.

El testimonio del coronel Phil Waldron

El primer testimonio fue el del coronel Phil Waldron, que dijo en su entrevista como experto en ciberseguridad en su entrevista con Mike Lindell lo siguiente:

"Mi experiencia en el ejército es con operaciones de influencia, operaciones de información, en guerra de información, por así decirlo.

Sí, comenzamos a buscar de trabajar con nuestros socios en Dallas, ese grupo de operaciones de seguridad aliado, con hacer un análisis de los datos que tenían, no solo en Dominion, sino también en SOS-Hart, varios de los otros sistemas de administración de votación electrónica. Y vimos muchas similitudes y vulnerabilidades en los sistemas que podrían ser fácilmente manipulados y muy fácilmente interceptados . Así como oficial de guerra cibernética busco vulnerabilidades y formas de atacar sistemas para crear una ventaja estratégica para las fuerzas amigas de Estados Unidos. Y así, cuando comenzamos a ver las vulnerabilidades y todas las diferentes formas en que se podían interceptar estos sistemas de votación electrónica, se hizo evidente que teníamos un problema para las elecciones del 3 de noviembre. Y eso nos llevó a pasar mucho tiempo trabajando con Russell Ramsland, obteniendo una gran cantidad de datos históricos y de conocimiento. De esta manera comenzamos a trabajar por nuestra cuenta, realmente haciendo muchos ejercicios de conexión de dinero, haciendo investigación básica. Y luego traje a nuestro equipo local del DHS aquí en Texas, tanto la División de Inteligencia y Evaluaciones, que recopila información para el Departamento de Seguridad Nacional y para CISA, nuestro sistema local. Y dedicamos bastante tiempo a darles una introducción a lo que vimos y las vulnerabilidades en las formas en que estos sistemas podrían ser interceptados para cambiar los resultados de las elecciones a nivel de las máquinas de votación, a nivel de servidores, fraude a nivel local, que es requerido para inducir el voto ilegítimo. Luego llega al nivel de la máquina, que es algo de lo que usted estaba hablando, referente a los algoritmos que se ingresan directamente en los tabuladores. Y tenemos evidencia de eso en el estado de Georgia, que, ya sabe, donde se aprobaron X cantidad de boletas y básicamente le robaron el 13 por ciento de los votos al presidente Trump y pusieron ese 13 por ciento de los votos a Joe Biden, que hizo un cambio de veintiséis por ciento en la votación. Entonces, cuando se mira al nivel de la máquina, la máquinas tabuladores para votar de Dominion, hay tantas vulnerabilidades en los sistemas, hay tantas prácticas fundamentales de ciberseguridad que no están habilitadas, que básicamente permite que cualquiera que tenga alguna habilidad técnica pueda influir en nuestras elecciones. Y ese nivel estratégico es la inteligencia extranjera, los servicios de inteligencia extranjeros. Y estamos bastante documentados sobre la propiedad del Partido Comunista Chino, cuyos directores de la sociedad de capital controlan Dominion. Tenemos también en el partido comunista chino, el presidente del Banco Comunista de China, que pertenece a una junta directiva, y es miembro de una firma de capital privado que es dueña de Dominion.

Mientras estoy en la empresa haciendo pruebas, la única empresa que tiene acceso al código y los test de las máquinas y código de Dominion está en Shenzhen, China. Es una empresa del partido comunista chino, mientras que el gobierno de los Estados Unidos, los gobiernos estatales, los gobiernos de los condados, no tienen acceso al código continental. Pero creo que es algo único que una empresa china dirigida por el Partido Comunista Chino tenga acceso al código.

Y es por eso que comenzamos a ver ese nivel estratégico de tercer rango de manipulación electoral. Muchos movimientos de votos se han producido a través de acceso directo a los distritos electorales de Pensilvania, a los centros de tabulación de los condados en Wisconsin, Michigan, Nevada, Arizona, Georgia, y todo eso proviene directamente de países extranjeros. China es el predominante y a través de servidores proxy intermediarios paquistaníes del grupo terrorista islámico ISIS.

De hecho es muy frustrante, el hecho de que todos digan de que todos los casos judiciales se perdieron. Bueno, eso es mentira. Tenemos estadísticas sobre cuántos casos judiciales están abiertos, cuántos fueron desestimados, ya sabe, que están todavía en pie o en proceso. Pero, que yo sepa, solo hay dos casos, uno en Michigan y otro en Georgia, donde se han escuchado pruebas y esos casos están progresando. El Senado en Arizona escuchó y vio evidencia preliminar y emitió una citación y están presionando hacia adelante con una auditoría forense completa en Arizona, y eso podría estar disponible tan pronto como en la próxima semana. Entonces es complejo y difícil de entender para la gente. Y si es difícil de entender, la gente simplemente lo descarta como una teoría de la conspiración.

Encontramos los servidores extranjeros en Barcelona, Reino Unido y Frankfurt. Habíamos visto varios, ya sabe, el servidor de Toronto, obviamente, que es el servidor de Dominion.

Sí, estábamos mapeando los servidores antes de las elecciones, identificamos el servidor de Scytl en Frankfurt hasta incluso obtener la dirección que tiene en Frankfurt. Creo que es el más grande o uno de los más grandes del mundo. Nodos de servidor, ya sabe, cibernético, un nodo de comunicaciones se llama excavación profunda para poder ver los próximos movimientos cibernéticos de Alemania, y había varias personas observando el tráfico y su volumen esa noche, y notaron un aumento significativo en el tráfico esa noche sólo debido al volumen de información que pasa. Y una de las razones por las que dijeron que el tráfico estaba subiendo fue por las elecciones estadounidenses.

Creo, por lo que he visto y por los testigos con los que he hablado, que esto es un golpe de Estado, que definitivamente involucró a elementos dentro de nuestro propio país y a nuestro propio gobierno federal. Definitivamente parte del golpe fue ayudado e instigado por una amenaza extranjera, un estado nación enemigo.

Sí, creo que este ataque no podría haber ocurrido sin traidores internos en Estados Unidos, de nuevo, tenemos declaraciones juradas de personal de la CIA y del Departamento de Estado de la embajada italiana participando en este golpe (como ya se escribió en un capítulo anterior al respecto). Tenemos el nombre, correo electrónico y número de teléfono de un alto funcionario del Departamento de Justicia que nos proporcionó un abogado de EE. UU. Este abogado dijo que esta persona estaba cerrando cualquier investigación del Departamento de Justicia o del FBI sobre cualquier elección o cualquier investigación relacionada con las elecciones, y que estaba tratando de cerrar los casos judiciales y que llegaban a las cortes. Entonces, desde el interior de nuestro propio Departamento de Justicia, la gente estaba cerrando investigaciones activas. Usted se pregunta por qué, ya sabe, el Sr. Barr no encontró ni vio ninguna evidencia de un fraude electoral generalizado porque el FBI nunca hizo otra cosa que impedir las investigaciones sobre el fraude electoral.

Por otro lado el FBI fue a interrogar a los camioneros que entregaban las papeletas de los votos e hicieron declaraciones juradas. Acosaban a los estadounidenses, estadounidenses patriotas que denunciaban estos camiones llenos de votos para poder enjuiciarlo.

Sí y también denunciaban a las máquinas de Dominion. Si se observan los factores de planificación militar, estas son capacidades críticas. Una capacidad es lo que tienes que tener para ejecutar tu misión o el enemigo tiene que tener para ejecutar su misión con éxito. Entonces, una capacidad crítica para que esto suceda son las vulnerabilidades inherentes que se integraron en el software de Dominion Voting Systems, que, nuevamente, probamos a través de nuestro trabajo que todo esto está directamente relacionado con la fuente, Smartmatic, ya que el núcleo del software de Dominion es de Smartmatic. Y definitivamente tienen ganancias financieras por razones financieras basadas en algunas de las otras inversiones que han hecho, especialmente si mirando hacia el futuro la junta directiva de Smartmatic gana miles de millones de dólares porque es dueña de una empresa de purificación de aire. Así que si eliges una administración que sea favorable para tu empresa, y ellos aprueban un nuevo acuerdo ecológico y tu empresa va a ganar miles de millones de dólares con los sistemas de purificación de aire obligatorios del gobierno, con los edificios públicos, con los edificios de apartamentos y complejos industriales gastarías bastante dinero en la parte frontal para asegurarte de que el resultado de las elecciones sea favorable a tus intereses. Lo mismo pasa por ejemplo con China, ya que si pudiera evitar que Estados Unidos viniera en defensa de Taiwán, de lo cual nosotros ya hemos visto indicios de eso. Y si China pudiera evitar tener que librar una campaña para proteger sus islas artificiales, para extender sus aguas territoriales a vías navegables internacionales, si pudieran invertir mil millones de dólares para hacerlo en lugar de luchar en una guerra, pues lo harían de buen gusto, y sería una buena inversión

Y todo el dinero que China ha ganado para la familia Biden, todo el dinero que han hecho e invertido en universidades y empresas estadounidenses, comprando nuestra propiedad intelectual médica y técnica, robando mucho más de lo que compraron. Están librando una guerra y la gente simplemente no se da cuenta de que estamos bajo ataque.

<u>El testimonio de Russell Ramsland</u>

Russell Ramsland es miembro fundador de Allied Security Operational Group que tiene su sede en Dallas, Texas, y realizan análisis forense cibernético y de ciberseguridad y también fue entrevistado por Mike Lindell para el documental "Prueba absoluta" y dijo lo siguiente:

"Hace aproximadamente dos años, nos trajeron algunos registros de las elecciones generales de Dallas desde el servidor de tabulación central. Y la gente se pregunta, ¿qué son estos registros informáticos?. Para mí eran unas mil cien páginas. Y pudimos mirar a Adam y nos horrorizamos con lo que encontramos, porque lo que encontramos fue que la gente estaba entrando en el sistema y estaban cambiando los votos. Estaban borrando bases de datos, las estaban volviendo a subir y provenía de ubicaciones remotas.

Esto pasó en el año 2018 y el software para elecciones SAS, pero es muy parecido al software de Dominion, ya que la mayoría de estas empresas de votación tienen un software con ADN similar.

De hecho me quedé horrorizado porque claramente alguien estaba jugando con las elecciones primarias del 2018. Así que tratamos de alertar a las autoridades, trajimos a una fiscal del Departamento de Justicia que dirigía el grupo cibernético en el norte de Texas, y quedó horrorizada por lo que le mostramos y nos pidió que hiciéramos un informe y finalmente lo enviáramos al FBI.

Así pues hicimos éso y el FBI no hizo nada al respecto. Entonces seguimos investigando y cuanto más encontrábamos, más horroroso se volvía. Ahora, todo esto seguía saliendo de Dallas, intentamos que los senadores vieran ésto e intentamos que los funcionarios estatales también lo vieran. Pero seguimos trabajando en ello por nuestra cuenta sin parar en ningún momento. Y finalmente logramos que siete miembros del "Freedom Caucus" (que podría traducirse como "Junta por la libertad", que es una junta de ciertos miembros del partido republicano) en julio del año 2020 hicieran una sesión informativa de dos horas sin personal. Y lo que vieron fue una prueba absoluta de que este sistema de votación electrónica que tenemos está completamente comprometido. Puede manipularse por completo, y también estaban horrorizados.

Así Texas rechazó las máquinas de tabulación y el software electoral de Dominion, pero Texas usa otras máquinas de votación. De hecho usamos las máquinas de votación y el software de la empresa Hart InterCivic cuya sede central están en Austin, Texas y usamos el censo de Texas.

De hecho en Texas rechazaron las máquinas y el software de Dominion y aceptaron el de Hart que es parecido, por razones políticas y por la influencia de la empresa que finalmente se lleva el servicio de proporcionar las máquinas electorales de votación y el software. Así pues finalmente terminamos consiguiendo algunos investigadores, en particular el Grupo de Supervisión del Departamento de Seguridad Nacional de Ron Johnson, y también estaban horrorizados por lo que les mostramos. E intentaron conseguir a CISA, que es la Administración de Seguridad de Ciber Inteligencia dentro del Departamento de Seguridad Nacional de Estados Unidos. Intentaron que CISA echara un vistazo al sistema, no quiso tomarse el esfuerzo de mirarlo o de tomar el riesgo de hacerlo. No podrían estar menos interesados, así que no sabíamos muy bien qué hacer.

También estábamos empezando a encontrar algunos medios de comunicación que querían empezar a hablar de esto y se horrorizaron. Pero la ruptura realmente se produjo a principios de agosto, cuando reunimos a algunos miembros del Departamento de Seguridad Nacional en Austin a mirarlo y a una división, la división de inteligencia y análisis, para echar un vistazo a lo que teníamos. Y esa es la división que se encargaba de la integridad en las elecciones antes de ser entregada. Así que lo miraron y se horrorizaron y enviaron a todo un equipo a nuestra tienda. Pasamos 11 horas con ellos, nos preguntaron si les pasaríamos nuestros datos, y por supuesto lo hicimos, los cuales se llevaron a Austin. Sin que nosotros lo supiéramos pasaron los datos de nuestras investigaciones a tres grupos cibernéticos privados que los analizaron y dijeron, oye, ¿estos tipos están locos? Quiero decir, ¿esto es una locura o algo raro pasa acá?

 De hecho los tres grupos miraron nuestros datos y los tres grupos regresaron diciendo que no solamente teníamos razón en nuestras observaciones sino que era terrible.

Es terrible porque no hay ninguna seguridad efectiva para sus votos. Sus votos se almacenan en el extranjero, donde pueden almacenarse fácilmente. Veintisiete estados utilizan lo que se llama "Señal de claridad" ("Clarity Sign" en el original inglés) para informar sobre la noche de las elecciones. Y esos servidores están en el extranjero y tienen lo que se llama vulnerabilidades del sistema de almacenamiento de datos en la nube S3 bucket. Y la gente puede ingresar y cambiar los votos allí en el servidor en la nube, y luego pueden cargarlos hasta el nivel del condado concreto aquí en este país, porque la empresa Scytl tiene todas las credenciales de cada servidor de los condados acá. Y así pueden entrar a cada servidor de los condados y cambiar los votos desde el extranjero.

Es por cierto de lo que todo el mundo ha estado hablando durante todo este tiempo, y que han tratado de censurar diciendo que las máquinas ni siquiera estaban conectadas a internet.

Entonces llegó el Departamento de Seguridad Nacional, y la gente de Austin se dio cuenta de que lo que les decíamos era correcto. Se horrorizaron y comenzaron a tratar de tener una serie de reuniones informativas clasificadas dentro de su propio grupo para poder hacer llegar estos informes a niveles administrativos superiores. Así pues estos informes subieron uno o dos niveles dentro de la administración, y luego se formó un sólido muro de resistencia con el mensaje de que debíamos de dejar de lado este asunto.

Era en Septiembre del 2020 cuando el proceso de investigación dentro de la administración sobre nuestros informes se detuvo, así que ya sabíamos que las elecciones del 3 de Noviembre iban a ser robadas. Ya lo habíamos visto antes en las elecciones primarias del año 2018 y por lo tanto sabíamos que todo era posible. Ahora simplemente no sabíamos cuántos servidores extranjeros intervendrían en el proceso del cambio y voto de robos. No habíamos visto muchos servidores extranjeros entrar en el sistema y cambiar votos en pasadas elecciones, pero en esta elección, por supuesto, vimos a miles de personas de todo el mundo. De hecho hemos visto los datos que reflejan la intromisión de multitudes de servidores extranjeros en los servidores de los condados estadounidenses.

Así pues pensamos que esto iba a suceder en tres niveles, pensamos que habría fraude local masivo, fraude a través de las propias empresas de votación, y por los votos inyectados desde el extranjero. Y eso es exactamente lo que vimos pasar. Recopilamos enormes cantidades de prueba sobre lo que pasó, pero nunca se permitió ningún caso judicial, nunca se permitió que se presentaran estas evidencias, que es lo que dio pie al mito mediático de que no había evidencias de fraude electoral, porque los jueces no querían ni siquiera mirar las evidencias.

El caso del condado de Antrim en Michigan

En este condado pequeño llamado Antrim del estado de Michigan hay como unas quince mil personas y votaron unas siete mil, pero los votos se cambiaron de manera obvia del partido republicano al demócrata, ya que en este condado siempre había un 65% de votos republicanos y un 35% de votos demócratas normalmente, y el resultado electoral fue completamente invertido con un 65% de votos al partido demócrata y 35% al partido republicano. Entonces, todos en la ciudad sabían que era una desviación que no tenía sentido, y por esto este caso está todavía abierto en el juzgado

Russell Ramsland continúa explicando: "Sí, se nos encargó investigar el caso del Condado de Antrim en Michigan, ese fue nuestro trabajo. De hecho, firmé el informe de auditoría forense con la colaboración de partede nuestro equipo, y eso sucedió porque en el caso había un motivo racial, y el juez permitió un descubrimiento limitado. Lo que salió de eso fue lo suficientemente espantoso como para permitir un mayor descubrimiento. Y luego, por supuesto, ese informe se hizo nacional porque lo que encontramos fue muy horrible."

De hecho, de forma limitada hemos podido hacer estas investigaciones forenses en otros condados, aunque todavía no hemos publicado esa información, y hay razones por las que estamos publicando esa información en este momento y no antes.

De hecho también hemos hecho investigaciones en otros dos condados, y el cambio de votos es como Antrim, solo que es peor en muchos aspectos. Así pues cuando la gente vota y escanea su papeleta, o bien ésta al recipiente de votos normal y es votado, o va a lo que se llama un recipiente de adjudicación. Entonces si va al recipiente de adjudicación, entonces quien esté ejecutando y controlando el sistema de votación puede votar ese voto como quiera. En Antrim por ejemplo, encontramos tasas de rechazo de votos del 82%. Así pues el 82% de los votos fueron al recipiente de adjudicación de votos, cuando lo normal es que el porcentaje de votos para adjudicar sea de menos del 1%. Mientras que en el condado de Fulton, han admitido que hubo una tasa de adjudicación del 93,6%. En estos casos significa que toda la elección será decidida por la gente que dirigió el sistema y no por los votantes.

Es más de hecho todas las máquinas de votos en estas elecciones estaban conectadas a internet y no solamente las de Dominion.

De hecho para estas personas que dicen que las máquinas de conteo de votos no están conectadas a internet tenemos declaraciones juradas de un juez electoral que se presentó en su precinto, y descubrió que habían cargado los datos electorales equivocados en su equipo, por lo que llamaron a su compañía de votación y su compañía de votación la puso en espera. Entonces el equipo de soporte informático de otro estado la llamó, y en diez minutos de alguna manera volvieron a cargar los datos electorales correctos. ¿Cómo se puede hacer eso si no se está conectado a Internet?

De hecho el que todas estas máquinas de conteo de votos estén conectadas puede ser ilegal en algunos casos. Quiero decir, el problema es que en teoría se puede confiar en el sistema de votación porque no está en línea, pero están claramente en línea. Así pues dirigimos una pequeña operación en Dallas durante estas últimas elecciones. Lo que hicimos es que todos los días simplemente tomamos la información de los registros de votantes de las personas que votaron ese día en Dallas, ya que Dallas los publicó en línea. Entonces teníamos un registro muy grande de los votantes en los que no veíamos cómo votaron, pero sí podíamos ver todo lo demás: nombre, dónde vive la persona, cuando pidió que se hiciera una votación en su residencia, cuándo votó, etc. Y como saben, estos registros están compuestos por ceros y unos, y pudimos ver que este registro de ceros y unos se había cambiado y así sabemos que fue manipulado.

Además hay una empresa de Barcelona, España, llamada Scytl, que es propietaria de la empresa llamada Clarity Election Night Reporting (Informes nocturnos de elecciones con claridad), a la cual las empresas de sistemas electorales Hart, Dominion y otras informan sobre errores, y luego desde "Clarity Election Night Reporting" supuestamente solo pasan los votos a los medios de comunicación. Pero utilizando herramientas estándar de sombrero blanco, podemos mirar y ver qué hay en su servidor en Frankfurt, Alemania, en el cual en un área de su equipo se encuentra un malware llamado "Queues Snatch".

Este malware observa toda la información que entra en su servidor y toma las credenciales de inicio de sesión de cada condado del país que le informa, para que una vez que tenga todas esas credenciales, pueda rastrear ese condado y pueda acceder a la base de datos del condado desde el extranjero o desde cualquier otro lugar que desee, e inyectar cambios a los votos si así lo desea."

El testimonio del Dr. Shiva Ayyadurai

El doctor Shiva es una ingienero, político y emprendedor indio-americano (indio: de la India en este caso), que tiene cuatro títulos del Instituto de Tecnología de Massachusetts (MIT), incluido un doctorado en ingeniería biológica, y ha recibido una beca Fulbright. En el año 2018 se presentó como candidato independiente por el estado de Massachussetts al Senado estadounidense en las elecciones primarias del 1 de Septiembre del 2018, y explica en la entrevista con Mike Lindell y en concreto en el documental "Prueba absoluta", que era raro que una persona con su perfil ingeniero y científico y que tiene cuatro títulos universitarios se presentara como candidato al senado. Explica como creció en la India, en un país del tercer mundo, donde piensa que podría darse fraude electoral, pero que en absoluto pensaba que pudiera producirse en Estados Unidos. Así pues para las elecciones primarias al Senado estadounidense del 1 de Septiembre del 2018, donde según todas las encuestas le daban por ganador, acabó ganando en el condado de Fraklin donde los votos presenciales y con papeletas (boletas) son entre el 80% y el 90% del voto total, con una victoria de 10% de votos más que el otro candidato, mientras que en el resto de condados de Massachussetts perdió en todos con un 40% del voto frente a un 60% de su oponente. Entonces se dio cuenta de que haber perdido en todos los condados por exactamente el mismo porcentaje de votos frente a su oponente hispánico, que había ganado tanto en condados con mayoría de población blanca y con mayoría de población negra, era científicamente imposible, tratándose no solamente de una desviación típica del voto sino de una anomalía. Así empezó a darse cuenta de que había algo raro en las máquinas de conteo de votos.

Además cuenta que él además es experto en este tema ya que construye sistemas informáticos a gran escala, y algunos de sus sistemas han sido utilizados incluso por el Senado estadounidense y por las 1.000 compañías más grandes según la lista de la revista Fortune. Por lo que es totalmente conocedor del poder de los sistemas electrónicos, y de que cuando algún proceso físico se pasa a formato electrónico la persona que diseña este sistema tiene un inmenso poder.

Entonces todos estos razonamientos le hicieron comenzar su viaje de investigación, tras haberse dado cuenta de que el fraude electoral podría tener lugar en Estados Unidos. Así que comenzó a leer todo lo que pudo hasta el día 9 de septiembre, ocho días después de las elecciones primarias para el Senado, y descubrió que en estas máquinas de votación electrónica hay dos formas de votar. Una en la que persona vota, inserta la boleta (papeleta) en la urna y los seres humanos cuentan la boleta de papel. Eso es lo que ocurrió en el condado de Franklin. Pero en los otros condados utilizaron máquinas tabuladoras de conteo de votos, y cuando se introduce la boleta en la máquina tabuladora, la boleta de papel se convierte en una imagen, que se llama imagen de la boleta, la cual no es diferente a cuando alguien toma una foto con su iPhone por ejemplo. Entonces la máquina deja a un lado la boleta, y trata de averiguar dónde están los círculos en esa papeleta, es decir que la máquina cuenta las imágenes de la papeleta y así es como cuenta los votos. De esta manera se dio cuenta que para las máquinas tabuladoras de conteo de votos las imágenes son las papeletas.

Entonces descubrió que se estaban creando imágenes de una papeleta. Y luego también averiguó que en 1974 aprobaron una ley para las elecciones federales que dice que esas imágenes de la papeleta deben guardarse. Esta era una pieza del rompecabezas, mientras que la otra pieza del rompecabezas que descubrió era que las máquinas de votación ya desde el año 2002 tienen una función llamada "función de carrera ponderada" ("weighted race feature" en el original inglés), que está integrada en el sistema y con la cual se pueden multiplicar los votos de los candidatos por un porcentaje Entonces es posible multiplicar los votos obtenidos por cualquier candidato por ejemplo por 2, por 0,5, etc. Además añadió que respecto a esta función de carrera ponderada y a su posibilidad de multiplicación de los votos, se puede encontrar en el manual de votación de Diebold, y se debe ir a la página dos, escribir 1.26 en el manual de la versión del año 2002.

Además el Dr. Shiva cuenta que probaron y mostraron que el estado de Massachussetts había borrado esas imágenes, y que así tuvo que utilizar sus más de 40 años de experiencia en sistemas informáticos para analizar los datos, y así se dio cuenta de una anomalía particular en el condado de Suffolk, donde la mayoría de las personas votan al partido democrático, y en cuyo condado se producía un patrón en el porcentaje de votos que se repetía de forma constante, lo cual solamente podría pasar estadísticamente en una de cada 100.000 veces.

Entonces denunció al estado de Massachussetts por esta anomalía en el conteo de votos, y el juez aceptó el caso, el cual todavía está abierto. Además también escribió al respecto en Twitter, red social que no hizo nada al respecto de su publicación, pero sin embargo el secretario del estado junto con la Asociación Nacional de Directores Electorales Estatales contactaron con Twitter para que le cerraran su cuenta en la red social, y así lo hizo Twitter siguiendo órdenes del gobierno, del mismo modo que pasa en países como China donde las compañías siguen las órdenes del gobierno.

Además explica el Dr. Shiva que su caso sigue abierto en el tribunal, a pesar de que presentaron una moción de unas 200 páginas contra su caso para que el juez pudiera recharzarlo, pero el juez dio una orden de restricción y rechazó esta moción.

Nadie ha podido refutar su explicación matemática sobre que los votos de los candidatos fueron multiplicados por menos de 1 en el caso del Dr. Shiva, y por una cifra mayor a 1 en el caso de su rival hispano en las elecciones primarias al senado de Massachussetts.

El testimonio de la informática Melissa Carone

Melissa Carone es una informática freelance que trabajó en el recuento electoral para el Estado de Michingan, que contó en el documento de Mike Lindell "Prueba absoluta" que Dominion la contactó a través de su perfil en LinkedIn para trabajar en soporte informático el día de las elecciones, 3 de Noviembre y el día 4 de Noviembre.

Cuenta en este documental que trabajó 26 horas en total en las que se paseaba arriba y abajo al lado de máquinas tabuladoras de recuento de votos de Dominion, y que durante esas 26 horas todos los votos que vio eran para Biden y ninguno para Donald Trump. También cuenta que las máquinas tabuladoras de votos de Dominion se parecen a impresoras en las que se introducen las papeletas de los votos por la parte de arriba. Estos votos se introducían en lotes de 50 votos, y de vez en cuando alguna papeleta se quedaba atascada. Todos los que trabajaban para Dominion estaban frente a ordenadores que podían ver exactamente la papeleta que se había quedado atascada, pero en vez de resolver la incidencia correctamente lo que hacían era coger esa papeleta y volverla a poner encima de todo el lote de papeletas, por lo que el sistema no podía saber el número de papeletas que había.

Melissa cuenta que por la noche se dio cuenta que una máquina tabuladora indicaba más de 400 votos, lo cual no debería pasar al no poderse contar más de 50 votos cada vez, lo cual informó a su superior en Dominion, que resultaba ser uno de los dueños de Dominion, que tenían un gran problema, ya que las máquinas parecían contar los votos una y otra vez, a lo cual su superior le dijo que no quería escuchar de que tenían un problema.

<u>Pruebas exactas de ciberataques extranjeros</u>

En el documental "Prueba Absoluta" también interviene Mary Fanning, que es una periodista, escritora e investigadora sobre Inteligencia Nacional. Mary Fanny informa de que experto en ciberseguridad empezaron a recolectar datos a partir del 1 de Noviembre del 2020, por lo que recogieron pruebas de ataques cibernéticos extranjeros antes, durante y después de las elecciones. De hecho recogieron terabytes de información que documentan el fraude electoral, información que fue recogida de 2.995 condados de Estados Unidos en tiempo real.

Así pues en estos registros informáticos podemos ver el día, hora y minuto en que el hacker entró en la red, desde qué dirección exactamente, desde qué ordenador exactamente (fuente ID), la dirección IP objetivo, el estado y condado de Estados Unidos objetivo del ataque, la fuente ID u ordenador concreto que fue atacado, la manera en la que entraron al sistema, ya sea a través de credenciales o del cortafuegos (firewall en inglés) u ambos, si el ciberataque tuvo éxito o no y el número de votos robados a Donald Trump

La mayoría de direcciones IP son de China, más de un 66%, mientras que el resto son efectivamente de servidores en Francfurt, Irán, Serbia, Canadá, etc. coincidiendo con las declaraciones juradas de personas de la inteligencia militar del gobierno italiano, y con las declaraciones del coronel estadounidense Phil Waldron y de Russell Ramsland.

Así pues por ejemplo en este documento que consta de miles de páginas podemos observar que el 5 de Noviembre del 2020 a las 07:43:38 h, desde la dirección IP 220.181.132.198 desde la red CN Chinanet de la provincia de Beijing, desde el ordenador con fuente ID 86054cc63d24, atacaron I condado de Emmet en el estado de Michigan, en concreto a la dirección IP 66.129.42.43 y ordenador con ID 04cf6f5c8baa, quitándole a Donald Trump 3477 votos con éxito.

9

Resultados de las acciones jurídicas del equipo de Donald Trump y de otros ciudadanos estadounidenses

El 9 de Febrero del 2021 aparecieron noticias sobre los resultados de las acciones jurídidas del equipo de Donald Trump y de otros ciudadanos norteamericanos contra los resultados de las elecciones presidenciales del 3 de Noviembre del 2020.

Así pues los hechos son los siguientes:

1.Una de las afirmaciones más repetidas es de que el equipo jurídico de Donald Trump comenzó acciones judiciales contra el presunto fraude electoral de las elecciones del 3 de Noviembre del 2020 es la que ningún solo tribunal les ha dado la razón. Así pues un reciente estudio deja de manifiesto que semejante afirmación es falsa.

2. Así queda reflejado en un estudio elaborado por el abogado John Droz junior, que se ha ocupado de rastrear con su equipo los casos legales emprendidos por el equipo jurídico de Donald Trump y otras instancias del partido republicano.

3. Según el análisis realizado por John Droz Jr y su equipo, de los 22 casos que han llegado a ser oídos en los tribunales permitiendo la presentación de pruebas, Trump y los republicanos ganaron 15.

4. En otras palabras, en las 2/3 de los casos que hasta el día de hoy han sido resueltos por los tribunales mediante audiencia de las dos partes, en la mayoría se ha dado la razón a Donald Trump y a los republicanos.

5. La base del estudio de John Droz Jr. es una investigación sobre las 81 acciones legales que se iniciaron en conexión con las elecciones presidenciales del 3 de Noviembre del 2020 y que llega hasta el 6 de Febrero del 2021.

6. De los 81 casos, 11 fueron retirados o reagrupados y 23 fueron rechazados por diversas razones. Estos casos no pueden considerarse según Droz como victoria o derrota de ninguna de las partes en la medida que no llegaron a analizarse los hechos.

7. De los 27 casos restantes, 22 concluyeron después de que se discutieran ante el tribunal los diferentes argumentos, se valoraran las pruebas y se dictara una resolución judicial.

8. De esos 22 casos en los que efectivamente se llegó a analizar por los tribunales las alegaciones y se dictó sentencia, Trump y los republicanos ganaron 15 y perdieron 7.

9. Esto significa según Droz que Trump y los republicanos han ganado la mayoría de los casos relacionados con las elecciones presidenciales del 2020, que han sido juzgados hasta el final y después han sido objeto de una sentencia de acuerdo con sus méritos. Droz añade: ¿Es éso lo que los principales medios de comunicación están informando?.

10. Entre las victorias legales obtenidas por los republicanos y del equipo de Trump se encuentra el caso "RNC contra Miller" en los tribunales de Iowa, donde el partido republicano ganó un interdicto relacionado con las aplicaciones del voto por correo.

11. Otra victoria fue el casdo "RNC contra Gill", también en Iowa, en el que la campaña de Trump ganó un interdicto, que ordenaba a un oficial del condado que no distribuyera ni aceptara formas firmadas que contenieran infomación preimpresa.

12. Otra victoria legal fue el caso legal "Trump para presidente contra Bookyard" en los tribunales de Pensilvania, donde se concedió un interdicto contra el recuento de los votos por correo en aquellos lugares donde se había permitido que los votantes presentaran un documento de identificación días después del día de las elecciones.

13. De manera bien reveladora solamente tres procedimientos estuvieron relacionados con las inexactitudes de las máquinas de conteo de votos. De esos 3, uno fue rechazado por causa de jurisdicción, otro fue rechazado aunque no se permitió examinar las pruebas, y otro sigue abierto porque sí se autorizó la presentación de pruebas.

14. Según Droz la explicación más verosímil para que hubiera tan pocos casos en estas dos áreas que son probar legalmente fraude o manipulaciones en las máquinas de recuentos de votos está en que se trata de procesos que consumen mucho tiempo y requieren trabajos de investigación y de documentación sustanciales. No hubo simplemente tiempo para llevarlos a cabo antes de que se llegara a puntos claves del proceso, como por ejemplo, la reunión del colegio electoral.

15. Droz señala como objetivo de su informe que el público necesita estar mucho mejor educado en relación con la cuestión de la integridad de las elecciones, y tener

una mejor comprensión del componente de los procedimientos legales como una parte clave de ella.

16. A día de hoy todavía quedan por resolver 25 casos legales más.

Así pues como ha revelado en el artículo mencionado anteriormente de la revista Time, la posibilidad de que Donald Trump permaneciera por un segundo mandato en la Casa Blanca se enfrentó con lo que la propia revista denomina "conspiración en la sombra". Esa conspiración implicó una alianza del gran capital con las fuerzas sindicales de grupos de izquierda como Planned Parenthood, con lobbies raciales y de medios de comunicación con redes sociales.

Fue precisamente en este último terreno donde se decidió censurar y suprimir contenidos que no fueran en la línea del discurso inspirado por la conspiración. Igualmente se decidió utilizar los medios como forma de presión sobre los políticos o de propagandas sobre la opinión pública. En esos días se difundieron consignas como las de designar presidente electo a Joe Biden cuando no lo era legalmente.

Como la de insistir en que había sido declarado presidente electo por la asociación nacional de prensa como si esta entidad tuviera la menor competencia legal al respecto, o difundiendo el lema de que Donald Trump y los republicanos no habían ganado ni una sola batalla legal.

La realidad era muy diferene a la difundida por los medios de comunicación y las redes sociales. A decir verdad hubo instituciones como el Tribunal Supremo que prefieron desvincularse del asunto y no entrar a considerar las pruebas presentadas alegando razones no pocas veces discutibles desde una perspectiva jurídica. Sin embargo donde los tribunales entraron a considerar las pruebas presentadas hasta la fecha han dado la razón a Trump o a los republicanos en dos de cada 3 casos y a medidados de Febrero del 2021 todavía quedan por resolver 25 casos más.

Es muy posible que nunca sepamos que de haberse tomado el trabajo de examinar las pruebas las elecciones pudieran haber sido invalidadas en los suficientes lugares como para garantizar la reelección de Donald Trump.Es muy posible también que tampoco sepamos nunca como el Tribunal Supremo a pesar de la demanda presentada por los fiscales generales de más de una veintena de estados decidió no entrar en el fondo del asunto, y librarse así de examinar las pruebas presentadas.

Pero sí sabemos a día de hoy que hubo instancias de los medios de comunicación y de las redes sociales que lanzaron lo que parece una gran mentira fácil de desmentir, la de que ningún tribunal había dado jamás la razón a Trump o a los republicanos, y de que esa gran mentira fue repetida por corresponsales extranjeros poco profesionales, por periodistas holgazanes, y por poderes interesados no sólo en Estados Unidos sino en el resto del mundo.

A día de hoy la mayor parte de la población sigue creyendo esa mentira difundida por todas partes, pero sin embargo la verdad es que la administración de justicia ha dado la razón a Donald Trump y a los republicanos.en las dos terceras partes de las causas donde llegaron efectivamente a examinarse las pruebas.

Causa verdadero terror pensar que Adolf Hitler pudo tener razón al afirmar que la mayoría del pueblo puede ser arrastrado a creer con facilidad en las mentiras mayores siempre que no sean pequeñas, sino sustancialmente grandes, como dice en su propio libro "Mein Kampf" (Mi lucha).

10

Conclusión

El hecho de que pueda haberse producido un fraude electoral de esta magnitud en la todavía primera potencia mundial, que es Estados Unidos, nos lleva a preguntarnos si todavía existe democracia real en alguna nación soberana del planeta.

Si en Estados Unidos no se pueden garantizar elecciones justas y transparentes, ni la libertad de expresión de las opiniones disidentes al Estado empezando por la censura en las redes sociales del mismo Donald Trump en Twitter, Facebook y YouTube, ¿existen la democracia y la libertad de expresión reales todavía en algún país?.

A día de hoy de forma contraintuitiva parece que lo único que puede garantizar unas elecciones justas y sin fraude sería el voto presencial y con papeletas (boletas) físicas. Mientras que la tecnología debería ser usada para el bien de la humanidad y para garantizar la democracia y libertad de expresión reales en las naciones, parece que en las elecciones sucede todo lo contrario, ya que la tecnología de las máquinas de conteo de votos y la facilidad de la transmisión y registro informático de los datos simplemente son usados para robar el voto ajeno.

Tampoco nadie debería estar orgulloso de que con la excusa de "fortalecer la democracia", se presione a medios de comunicación o redes sociales para censurar la opinión do ningún presidente o de cualquier opinión que cuestione los resultados electorales, ya que es precisamente cuando se produce el cuestionamiento do los resultados electorales que el ejercicio de la libertad de expresión y la democracia se fortalecen y no al contrario.

Finalmente, la batalla en estas elecciones presidenciales de 3 de Noviembre del 2020, ha sido de nuevo entre patriotas y globalistas, como ya ha indicado en sus discursos el mismo Donald Trump, y como ya indiqué con otras palabras en mi libro recientemente publicado en Amazon titulado "La agenda globalista es real, provocada por el hombre y peligrosa. La gran amistad entre el Gran Reseteo y el Covid-19". Así pues Joe Biden junto con la coalición de empresarios y federaciones de sindicatos y de movimientos de izquierdas estarían del lado de los globalistas, que quieren en definitiva imponer un nuevo orden mundial a través de entidades supranacionales, convirtiendo a las naciones soberanas empezando por Estados Unidos en meros protectorados sin autoridad alguna; y Donald Trump y la mayoría de republicanos estarían del lado de los patriotas por otro, defendiendo los valores tradicionales como la familia, la cultura nacionales y los derechos propios de los Estados Unidos, sin someterse a agendas externas globalistas.

Bibliografía y fuentes consultadas

- Artículo de la revista británica "Time" publicado en internet el 4 de Febrero del 2021 y en la propia revista el 15 de Febrero del 2021, que se titula "The secret history of the shadow campaign that saved the 2020 election (La historia secreta de la campaña en las sombras que salvó las elecciones del 2020), que se puede encontrar en el siguiente enlace: https://time.com/5936036/secret-2020-election-campaign/

- Programa "El Gran Reseteo" en César Vidal Tv, titulado "Fraude electoral en Estados Unidos y great reset. La investigación definitiva".

- Documental "Prueba absoluta" de Mike Lindell sobre el fraude electoral transmitido el 5 de Febrero del 2021 en One America News Network y otros webs online.

- Canal de Telegram llamado "Rafapal" del periodista español Rafael Palacios sobre noticias de fraude electoral en Estados Unidos.

- Artículos del diario español "Libertad digital" sobre el fraude electoral:
https://www.libertaddigital.com/internacional/estados-unidos/2020-11-20/elecciones-eeuu-pruebas-giuliani-camiones-ilegales-confidentes-smarmatic-funcionarios-democratas-corrompidos-6682606/

https://www.libertaddigital.com/internacional/estados-unidos/2020-11-20/la-empresa-barcelonesa-scytl-financiada-por-el-ministerio-de-industria-acusada-de-amanar-las-elecciones-americanas-6682478/

- Documento de Riccardo Corsetto, director del diario italiano "L'Unico" en cuanto a que Conte, Leonardo SpA y la embajada de Estados Unidos en Roma están detrás del fraude de cambio de votos para sacar a Donald Trump.

- Referente al capítulo 9 titulado "Resultados de las acciones jurídicas del equipo de Donald Trump y de otros ciudadanos estadounidenses", el estudio del abogado y físico John Droz Junior se puede encontrar en el siguiente enlace:
http://wiseenergy.org/Energy/Election/2020_Election_Cases.htm